DESCRIPTIONS

DES ARTS

ET MÉTIERS.

DESCRIPTIONS
DES ARTS
ET MÉTIERS,

FAITES OU APPROUVÉES

PAR MESSIEURS

DE L'ACADÉMIE ROYALE
DES SCIENCES.

AVEC FIGURES EN TAILLE-DOUCE.

A PARIS,

Chez ⎰ SAILLANT & NYON, rue S. Jean de Beauvais;
⎱ DESAINT, rue du Foin Saint Jacques.

M. DCC. LXI.

Avec Approbation & Privilége du Roi.

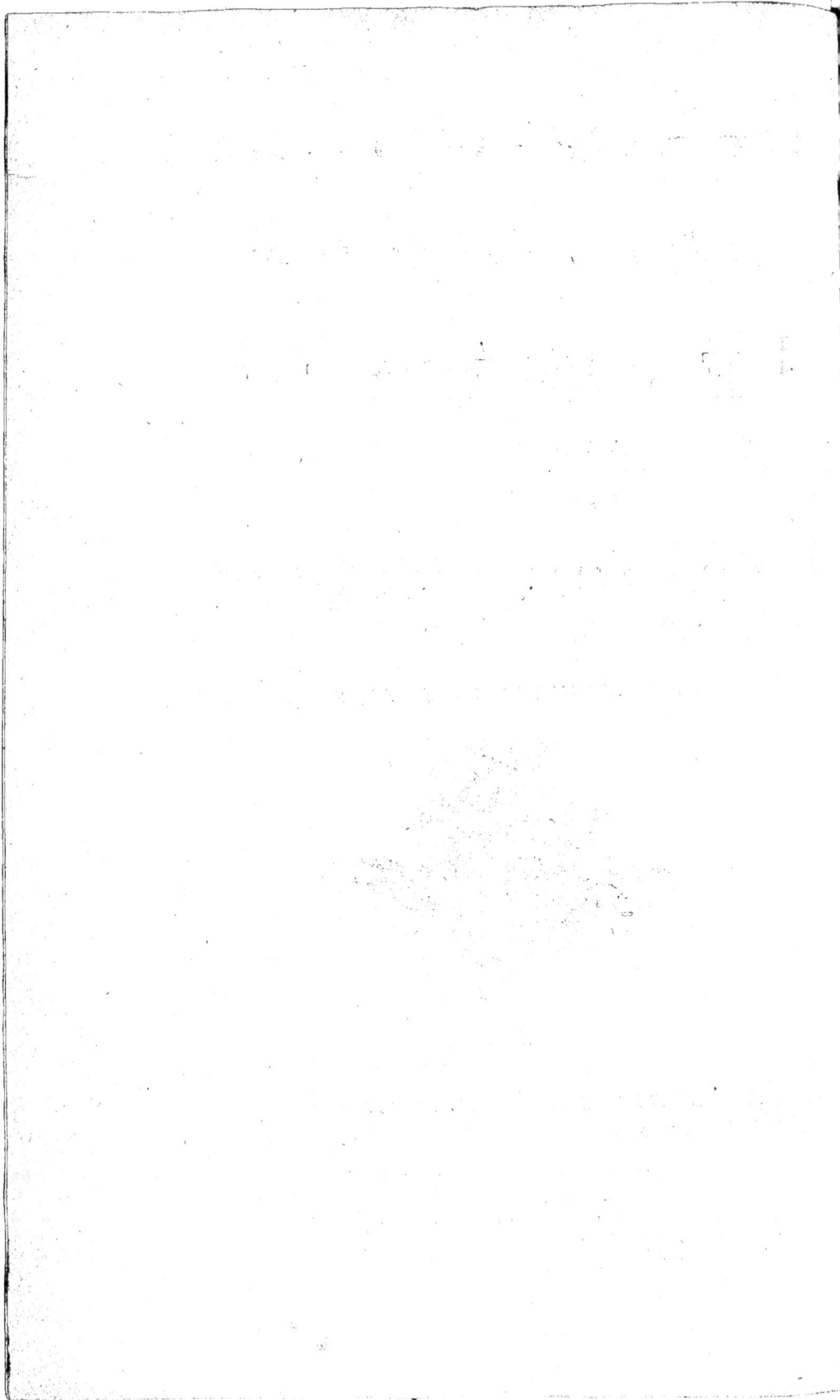

ART

DU

CHAUFOURNIER·

Par M. FOURCROY DE RAMECOURT,
Colonel d'Infanterie, Ingénieur ordinaire du Roi en chef à Calais,
Associé libre de l'Académie Royale des Sciences & Arts de Metz.

M. DCC. LXVI.

ART
DU
CHAUFOURNIER.

Par M. FOURCROY DE RAMECOURT.

1. Le Chaufournier, proprement dit, borne fon Art à convertir en Chaux la pierre qui en eft le plus naturellement fufceptible. Comme il faut que cette pierre ait été tirée de la carriere, tout homme qui par fon métier de Chaufournier, ou pour l'entreprife de quelque grande conftruction, a befoin de fabriquer beaucoup de Chaux, doit exploiter les carrieres en même temps que les Fours à Chaux; & même pour y trouver fon compte, il faut ordinairement qu'il fourniffe la pierre de taille & le moëllon des bâtiments en même temps que la Chaux : quiconque dirige de grands travaux doit avoir au moins des notions claires de l'un & l'autre attelier, & de plus avoir étudié la Chaux de fon canton dans fes effets, & fçavoir la traiter convenablement à la durée des édifices & à l'économie de leur établiffement.

...... *Nulla ars non alterius artis*
Aut mater aut propinqua eft. (Nicol. de la Grand. Ch. 6.)

Mais cette intime liaifon de plufieurs Arts entre eux, loin de nous obliger à les décrire enfemble, exige des détails particuliers fur chacun d'eux. Tous les travaux du Carrier ne font pas néceffaires pour la Pierre à Chaux; ainfi j'en rapporterai feulement par occafion quelques-uns qui n'ont guere d'autre objet que les Chaufours.

2. L'Art du Chaufournier, tel qu'il fe pratique, n'exige pas beaucoup d'induftrie. J'ai fuivi ou raffemblé les procédés que l'on y emploie fur nos frontieres depuis le Rhin jufqu'à Calais, ainfi que dans d'autres Provinces du Royaume, & je les ai trouvé peu variés. Cependant je ne compte pas donner ici tout ce qui concerne cet Art. Je n'ai jamais vu fabriquer la

Chaux de cailloux (Acad. 1721. p. 269.) ni celle de coquilles, dont on fait usage en Hollande, en Bretagne & ailleurs. Je n'ai point vu certains Fours à Chaux que j'indiquerai ; mais M. Duhamel qui veut bien suivre l'édition de mes Mémoires, joindra sans doute à mes recherches de ses excellentes notes, par lesquelles il sçait compléter les écrits du genre de celui-ci, qu'il veut bien se charger de présenter à l'Académie : il me paroît aussi que M. de Reaumur a travaillé à la description des différentes manieres de faire la Chaux (Acad. 1721. p. 270.).

J'ai été secouru pour composer ce Mémoire par plusieurs Officiers du Corps où je sers, & autres Citoyens qui ayant à cœur comme moi de voir étendre la connoissance de tous les Arts , pour l'économie des fonds du Roi & des particuliers, ont bien voulu m'aider d'observations que je n'avois pas été à portée de faire par moi-même. Je les citerai avec reconnoissance aux Articles que chacun d'eux m'a fournis.

Du choix de la Pierre à Chaux. *

3. Le Chaufournier ignore communément les distinctions & les restrictions que les Physiciens ont admises entre les pierres calcaires. La pierre blanche, ou presque blanche, c'est-à-dire, marneuse ou crétacée, qui , à proportion qu'elle est plus tendre, fournit ordinairement la Chaux de moindre qualité ; & la pierre dure, bleue, noire, veinée de plusieurs couleurs, ou de la nature des marbres : c'est à peu-près tout ce qu'il connoît pour ses fours. Si nous voulions fixer plus particuliérement, & relativement à l'Architecture, le nom de *Pierre-à-chaux* sur quelque espece , comme l'ont

* On n'a rien trouvé dans le dépôt de l'Académie qui eût rapport à la cuisson de la Chaux ; ainsi toutes les Planches ont été gravées sur les desseins de M. Fourcroy, & on y reconnoît, ainsi que dans le discours, l'exactitude & la clarté qui se trouvent dans tous les Mémoires de cet Auteur, & qu'on a déja remarquées dans ceux qu'il a donnés à l'Académie sur les grands Fours à cuire la brique. Ainsi, malgré la permission que m'a donnée M. Fourcroy, mes Notes ne renfermeront que des choses très-peu intéressantes.

On distingue en général les pierres en deux classes, sçavoir les *pierres calcaires* & les *pierres vitrifiables* : les premieres étant exposées à une violente calcination se réduisent en Chaux, & les autres se convertissent en verre.

Les pierres calcaires sont la craie , le marbre, le spath , la marne , les coquilles fraîches ou fossiles , les madrepores & plusieurs pierres à bâtir qui tiennent de quelques-unes de ces substances.

Les pierres vitrifiables sont les silex, les agates, les cailloux, les sables, quelques especes d'ardoises, les granites, &c.

Cependant il y a quelques pierres qui à l'inspection semblent des silex, & qui néanmoins se convertissent en Chaux.

On peut, sans avoir recours à la calcination, distinguer aisément les pierres calcaires des vitrifiables ; car les vitrifiables résistent à l'action des acides, qui dissolvent les pierres calcaires. Cependant l'albâtre & le gyps qu'on peut regarder comme des pierres calcaires , ne sont point attaquables par les acides , parce que dans ces pierres la partie calcaire est chargée d'acide vitriolique.

Il ne faut quelquefois que de légeres circonstances pour changer une pierre calcaire en une vitrifiable ; les substances vitrifiables leur donnent souvent cette propriété : c'est pourquoi quand il se trouve dans un Four à Chaux une pierre vitrifiable entre des pierres calcaires, il se forme une grosse masse à demi-vitrifiée qui fait bien du tort au Chaufournier ; bien plus, ayant mêlé ensemble de l'espece de l'ardoise qui ne se vitrifie pas & une pierre calcaire, ces deux substances, non vitrifiables lorsqu'elles sont calcinées séparément, se font vitrifiées étant mêlées ensemble. Au reste quand je dis qu'il ne faut quelquefois que de légeres circonstances pour changer une pierre calcaire en une vitrifiable, je dois faire observer qu'il ne s'agit point des pierres exposées à des feux d'une violence extraordinaire, puisqu'on sçait que le grand miroir ardent de l'Académie fond des substances qui résistent constamment aux feux de nos fourneaux.

On peut dire en général , comme le remarque M. Fourcroy, que les pierres les plus dures sont celles qui font la meilleure Chaux.

fait à d'autres égards plusieurs Lithologues, il semble que ce devroit être sur une pierre propre à donner la meilleure Chaux, & qui ne fût bonne à aucun autre usage: nous en allons voir un exemple. On pourroit cependant dire en général que plus une pierre approche d'être marbre, & meilleure est la Chaux qu'elle produit, * si celle dont je vais parler ne paroissoit former une exception à ce principe.

De la meilleure Chaux connue.

4. La meilleure Chaux de notre frontiere au Nord, & peut-être aussi la plus parfaite qui soit connue jusqu'à présent, est, je crois, celle qui se fait dans les environs de Metz, Thionville, & Bitsche. Elle me paroît supérieure à la Chaux forte de Piedmont & d'Italie, à celle des environs d'Alais. (Acad. 1746, 1749) & à toutes les autres espèces dont il est parlé dans différents Auteurs. Je n'ai pas demeuré long-temps à Metz, & j'y étois chargé d'un service qui ne m'a pas permis de faire sur cette Chaux & sur la pierre qui la fournit, autant d'épreuves que je l'aurois souhaité. Je ne doute pas que la Société Royale des Sciences & Arts de Metz, ne nous fasse connoître cette partie de l'Histoire naturelle de la Lorraine, que les propriétés d'une telle Chaux rendent intéressante pour tout le monde. Mais j'y ai rassemblé différents Mémoires & observations dont je ferai usage pour parler de ses effets & de sa fabrication, sauf les erreurs que mes Confrères dans cette Société sont à portée de rectifier.

5. On lit dans le Livre, assez singuliérement intitulé *la Science des Ingénieurs*, quoiqu'il contienne de bons détails, (Liv. 3. Chap. 3.) « qu'une quantité » de cette Chaux, fusée dans des trous bien couverts de sable, s'est trouvée » l'année suivante aussi dure que la pierre; qu'il a fallu la casser avec des » coins de fer, & l'employer comme du moëllon; qu'à Metz toutes les Caves en » sont faites » comme on le pratique à Rome avec la Pozzolane & la Chaux forte, mais « sans autre mélange que du gros gravier de riviere; qu'il n'y » entre ni pierres ni briques; & que quand ce mortier a fait corps, les pics les » mieux acérés n'y peuvent mordre ». J'ai reconnu par moi-même qu'il y a dans le pays deux façons d'employer cette Chaux.

Premiere façon d'employer la chaux de Lorraine.

La premiere est de l'*étouffer* en monceaux de 40 à 80 pieds cubes, sous une couche de moyen sable de riviere bien pur, de deux pouces d'épaisseur, que

---

* J'ai fait de la Chaux avec du Marbre blanc; elle étoit très-bonne & d'une blancheur à éblouir, & étant éteinte, elle se desséchoit & prit corps, sans être mêlée avec aucun Sable, au point qu'on ne pouvoit plus en faire du mortier, & le dessus étoit brillant comme la couverte de la Porcelaine. Cette Chaux de marbre auroit été excellente pour les peintures en impression. Le marbre noir fait de la Chaux très-blanche.

l'on arrofe légérement d'un peu d'eau par-deſſus. Au bout de 24 heures
la Chaux ſe trouve réduite en pouſſiere, à-peu-près comme ſi elle avoit
été éteinte par *défaillance;* on y ajoûte alors encore du ſable, en ſorte qu'il
y en ait en total au moins le double en cube de ce que l'on a meſuré de
Chaux vive, & de l'eau ce qu'il en faut pour pouvoir bien mêler & corroyer
le tout enſemble ; puis on l'emploie ſur le champ. Si l'on veut la garder
quelque temps éteinte, il ne faut y mêler que la premiere portion de ſable qui
a ſervi à l'étouffer ; parce qu'en y mêlant deux tiers de ſable contre un
tiers de Chaux, le mortier ſe trouve pris au bout de 15 jours, & ne peut
plus être employé.

Seconde façon.

6. LA ſeconde façon d'employer cette Chaux eſt celle qui fait principalement connoître ſa force & ſon *âpreté.* M. de Cormontaingne , mort
en 1752 Maréchal-de-Camp, Directeur des Fortifications dans les Evêchés,
& l'un des plus ſçavants Ingénieurs ordinaires que le Roi ait jamais eu, dit
dans un Mémoire particulier ſur les mines : « Il n'y a pas de pays au monde qui
» ait de ſi bonne Chaux que Metz, où elle a la qualité de durcir encore
» plus vîte dans l'eau qu'à l'air. On ſçait par mille expériences qu'il ſuffit
» de mêler cette Chaux avec de gros gravier au lieu de ſable ordinaire,
» ſans y jetter d'eau, mais ſe contentant de retourner pluſieurs fois la Chaux &
» le gravier à ſec pour les bien mêler enſemble ; ce que l'on nomme dans
» le pays, *de la Chaux retournée.* On la jette en cet état le plus doucement
» que l'on peut dans l'eau (de la riviere) derriere une haie de charpente,
» pour empêcher qu'elle ne ſoit tourmentée & délavée par le flot ou le
» courant. Elle y durcit en moins d'un an comme le plus fort rocher, quoiqu'on
» n'y ait mêlé ni (autres) pierres ni moëllons. Mais cela fait des maçon-
» neries très-couteuſes. Pour les rendre un peu moins cheres, on jette dans
» ces coffres alternativement une brouette *de Chaux retournée* & une brouette
» de moëllons ». Sans autre précaution, ce mélange prend de même, &
réuſſit parfaitement à former le rocher. Cette Chaux, que j'appellerai *Chaux
âpre* de Lorraine, mérite aſſurément bien d'être connue par des détails
particuliers.

Pierre qui produit la Chaux de Lorraine.

7. ELLE eſt faite avec une pierre preſque noire, ou d'un bleu très-foncé ;
plus péſante, quoique ſenſiblement plus tendre au ſortir de ſa carriere, que
toute autre eſpèce de pierres à Chaux du pays, qui ſont de roche bleue ,
& ne produiſent que de la Chaux fort médiocre. J'ai trouvé que nouvellement tirée elle péſe environ 195 livres le pied cube ; au lieu que toutes
les

les autres pierres bleues des environs de Metz ne péfent que de 160 à 180 livres au plus. Cette pierre noire eft d'un grain très-fin, puifqu'elle prend un beau poli luifant : on en fait des carreaux pour paver quelques Eglifes & des Salles baffes : elle diminue de poids à l'air, & y augmente de dureté : enforte que pour pouvoir la tailler quelque temps après l'avoir tirée de fa carriere, il faut la conferver enterrée, & avec fon humidité naturelle ; fans quoi elle s'éclate, & eft très-difficile à traiter : quand elle demeure plufieurs hivers à la gelée, elle s'exfolie & fe divife en beaucoup de lames toutes irrégu- lieres dans leur épaiffeur : j'en ai vû qui en fept ou huit années avoit été réduite en pouffiere très-fine ; ce qui fait qu'elle ne doit jamais être mife en œuvre dans les maçonneries à l'air, ni par conféquent dans la plûpart des bâtiments civils : elle peut feulement être admife dans l'épaiffeur des gros revêtements, & dans les fouterrains. Telle eft la pierre que je nommerai par préférence la *Pierre à Chaux.*

Le Boufin n'eft pas propre à faire la Chaux.

8. On met à profit dans les carrieres l'impreffion que la gelée fait fur cette pierre pour la féparer d'un *Boufin*, fauffe pierre, ou fpath fufible très-dur, d'un ou deux pouces d'épaiffeur, dont elle eft ordinairement enduite fur fes deux lits. Ce Boufin, qui fe trouve auffi joint à la plûpart des lits de toute efpèce d'autres pierres, n'eft propre nulle part ni pour la Chaux ni pour le moëllonnage ; il faut abfolument le rejeter. Les gelées ordinaires d'un feul hiver en dépouillent parfaitement les deux lits de la Pierre à Chaux âpre, & épargnent en cela de grands frais au Chaufournier quand il a de la pierre tirée d'avance.

Carriere de la Pierre à Chaux âpre.

9. Les carrieres où elle fe trouve ont auffi quelques fingularités qui ne fe rencontrent pas dans les autres. Dans les carrieres ordinaires, la Pierre eft communément toute contiguë, ou fans intervalles confidérables entre les bancs ou lits, qui font auffi diverfement inclinés à l'horifon : la Pierre à *Chaux âpre* eft difpofée par lits prefque toujours horifontaux ou de niveau. (*Fig. 2*) depuis moins de deux pouces jufqu'à douze ou treize pouces d'épaif- feur : mais chaque banc eft féparé du banc inférieur par d'autres couches de terre & de tuf, qui ont enfemble depuis trois pouces jufqu'à 24 ou 25 pouces d'épaiffeur ; en forte que fur un reftant de la carriere de 20 pieds de hauteur, il ne fe rencontre quelquefois pas fix pieds d'épaiffeur de cette bonne pierre : le plus fouvent on y en trouve environ 8 pieds. C'eft pour cela qu'il eft de la prudence des Entrepreneurs de ces fortes de carrieres

de ne point y entamer le travail, fans y avoir fait ouvrir des puits, dont le nombre, la profondeur, & la difpofition puiſſent leur avoir appris pofiti- vement s'ils y trouveront toute la pierre dont ils ont befoin; quelle fera l'étendue de la carriere, & quels en feront les déblais. Ordinairement le premier lit de cette pierre n'eſt pas à plus de quatre à cinq pieds au-deſſous de la fuperficie des terres; quelquefois il fe montre à découvert. La furface fupérieure de chaque banc reſſemble aſſez bien à un pavé de grands carreaux parallélogrammes, par bandes ou routes; chaque carreau ayant depuis fix juſqu'à dix-huit pouces de largeur, fur deux ou trois fois autant de longueur, & étant féparé de fes jointifs par des intervalles tantôt fort étroits, comme une fimple félure, tantôt d'un demi-pouce de large : en quelques endroits il femble manquer un carreau. Ces bancs font d'une grande étendue, comme de plu- fieurs arpents, à moins qu'ils ne fe trouvent interrompus par des cavités ou reſſauts naturels dans le terrain de la carriere.

Foſſiles qui fe rencontrent dans cette Carriere.

10. On rencontre entre les bancs de cette pierre beaucoup de pyrites fulfureufes, & de coquilles entre lefquelles je me rappelle avoir remarqué le Limaçon noir, le Buccin noir, le Nautile en très-grande quantité, & quel- ques autres. C'eſt, je crois, de ces carrieres qu'on a tiré des cornes d'Ammon de plus de 15 pouces de diamétre, fi je m'en fouviens bien, que j'ai vû confervées à Metz dans le cabinet de M. l'Abbé de Beſſe, Chanoine & grand-Chantre de la Cathédrale. Ces coquilles font remplies de terre ou de matiere pétrifiée, fuivant le lit de la carriere dans lequel elles fe trouvent. Quand elles font dans la pierre, elles peuvent nuire à l'édifice du four à Chaux, parce que le feu les fait éclater, comme fi elles contenoient quelque portion d'air chargé de vapeurs auquel le feu donnât la force de brifer des enveloppes fort dures & tout ce qui fe rencontre dans la fphère de fon explofion, fouvent avec autant de bruit qu'un coup de piftolet bien chargé. Quand ces coquilles font calcinées, elles fe trouvent réduites en une pouſſiere très-fine & d'une extrême blancheur : on en ramaſſe exprès à Metz de celles qui fe trouvent dans la terre pour en faire de la Chaux à blanchir les murs.

11. Cette pierre, dont je ne fçache pas que l'on ait fait l'analyfe, paroît contenir entr'autres principes une plus grande quantité de foufre, foit en fubftance, foit combiné, que toute autre pierre à Chaux ordinaire : elle en a la couleur quand elle eſt calcinée; pendant qu'elle eſt au four, elle porte à plus d'une demi-lieue, fous le vent, une fumée noire & épaiſſe précifément de la même odeur que celle de la poudre à canon : fa flamme enfuite fent le foufre pur, à ne pas s'y méprendre. Quoi qu'il en foit, la nature

femble avoir réuni dans ce foſſile dans un éminent dégré, tous les caractères qui conſtituent eſſentiellement la *Pierre à Chaux*. Si Meſſieurs Duhamel, Malouin, Macquer, Pott, & autres Sçavants qui ont travaillé ſur la Chaux, avoient employé de cette pierre, ſi M. Geoffroy s'en étoit ſervi pour ſon *Silex* artificiel, peut-être cette Chaux dans leurs mains nous auroit-elle révélé des choſes très-utiles dans l'art de bâtir & dans pluſieurs autres.

Méchanique de ces Carrieres.

12. LE plus grand travail pour tirer cette pierre de ſa carriere conſiſte dans le déblai des terres abondantes, tant de la ſurface que d'entre les bancs. Il eſt bien important ici d'avoir choiſi un eſpace ſuffiſant pour former le dépôt de toutes ces terres ; (*Art de tirer la pierre d'ardoiſe, pag.* 4 & 5). La pierre, dont les lits ſont ſi minces (N°. 9) réſiſte peu aux efforts du Carrier. Il s'arme d'un levier à bourrelets proportionné par ſa force au volume de la pierre qu'il attaque ; il engage le plus avant qu'il peut la pointe de ce levier ſous la pierre (*Fig.* 3) ; puis à l'aide d'un bâton pour ſe ſoutenir, il monte ſur les bourrelets du levier où il place ſes talons ; & faiſant agir par ſecouſſes répétées le poids de tout ſon corps vers l'extrémité ſupérieure de ce levier, il a bientôt ébranlé un bloc de pierre, que d'autres hommes déplacent enſuite à la main, ou avec pluſieurs pinces, pour que le premier puiſſe en déchattonner une autre. On briſe ces pierres avec des maſſes de fer quand elles ſont trop groſſes, pour pouvoir les tranſporter aiſément aux fours à Chaux ſur des brouettes.

Prix de cette Pierre ſur les lieux.

13. LORSQUE la carriere eſt entamée, un attelier de cinq hommes en tire par jour d'été, une toiſe & demie cube de cette pierre, & en hiver une toiſe. Elle ſe payoit vers 1756, 40 ſols la toiſe cube, & le déblai 20 ſols : & comme il ſe rencontre, réduction faite, environ une toiſe & demie de déblai par toiſe cube de pierre, elle revenoit à 4 liv. 10 ſols au plus la toiſe cube, y compris 10 ſols pour les frais d'outils, & 10 autres ſols de loyer ou d'achat du terrain & de la découverte de la carriere.

J'ai cru devoir entrer dans ces détails ſur cette *Pierre à Chaux*, qui me paroît unique dans ſon eſpèce, & au moyen de laquelle il s'eſt fait des chef-d'œuvres de bâtiſſe dont le récit paroîtroit incroyable.

DES FOURS A CHAUX.

Deux genres de Fours à Chaux.

14. J'AI vû pratiquer aſſez généralement deux méthodes également communes pour calciner la pierre, comme pour cuire la brique; l'une au moyen d'une grande & vive flamme que l'on place fous une maſſe de pierres; ce qui comprend la plûpart des fours à Chaux où l'on brûle du bois, des bourrées de bruyeres, genets, ou farment, de la paille, du chaume, &c. l'autre au moyen d'un feu beaucoup moins flambant, que l'on entremêle par couches avec les pierres, & qui ſe fait ſoit avec du bois, ſoit avec la houille, ou toute autre eſpèce de charbon foſſile, le charbon de bois, la tourbe, &c. On croit cependant aux fours à Chaux de Metz, qu'il faut abſolument une flamme claire & fort élevée pour fabriquer la *Chaux âpre*. Peut-être n'eſt-ce là que le préjugé d'un canton où les bois ſont encore aſſez communs, & l'uſage de la houille moins connu qu'il ne l'y deviendra par la ſuite.

De l'emplacement des Fours.

15. Pour établir les fours à Chaux, ſur-tout lorſqu'il s'agit d'une grande exploitation, & d'en conſtruire pluſieurs enſemble, on doit choiſir, ſi cela ſe peut, quelque tertre ou coupe de terre ſuffiſamment élevé au-deſſus d'une partie du terrain naturel, pour pouvoir y creuſer les fours, & avoir accès au pied & au ſommet ſans y dépenſer beaucoup en maçonneries & terres rapportées, (*Fig.* 2, 4 & 7): ſi l'on peut faire en ſorte que le ſommet de ce tertre ſe trouve de niveau avec les carrieres & à 15 ou 20 toiſes de diſtance, il y aura encore une grande épargne ſur le tranſport de la pierre. On verra cependant ici différents exemples de fours à Chaux élevés en raſe campagne. (*Fig.* 22, 29, &c.)

16. La diſpoſition intérieure de ces fours eſt néceſſairement différente ſuivant que l'on veut faire uſage d'un feu plus ou moins flambant (*N*°. 14) Il faut des foyers dans les fours à grande flamme, & un arrangement de la pierre, qui ne réuſſiroit pas dans les fours à petit feu.

PREMIER GENRE DES FOURS A CHAUX: FOURS A GRANDE FLAMME.

DES FOURS ELLIPSOIDES.

Fours pour la Chaux âpre de Lorraine.

17. J'ai vu des fours à grande flamme de deux diverſes formes. Les uns ſont intérieurement des ellipſoïdes allongés & tronqués, ou l'équivalent; les autres de figure cubique ou parallelipipédale. Il s'en fait apparemment auſſi de formes encore différentes, & tels que l'on en voit dans les deſſeins de l'Encyclopédie, à l'article *Architecture:* mais je n'en ai nulle connoiſſance.

Conſtruction

Conſtruction de ce Four.

18. Les plus grands fours que l'on conſtruiſe pour la *Chaux âpre* en Lorraine, ſont creuſés en terre d'abord cylindriquement ſur environ 15 pieds de diamétre & 3 à 4 pieds de profondeur; dans ce cylindre, on creuſe un encuvement ou cône tronqué de 13 pieds de diamétre par le haut, réduit à 8 par le bas, ſur 6 pieds & demi de hauteur, en y laiſſant un pan coupé *TV* (*Fig.* 8), ſur le côté où doit être l'entrée du fourneau. Cette partie baſſe eſt deſtinée à recevoir le foyer *A* (*Fig.* 7), que les Chaufourniers appellent *le Fourneau.* On a ſoin que ſon fond ſoit un peu plus élevé que le bas du terrain naturel, pour préſerver le fourneau des eaux de pluies. Tout ceci ſuppoſe le tertre dont j'ai parlé (N°. 15).

19. Sur les bords ſupérieurs de cet encuvement, on élève de 6 pieds en maçonnerie de moëllons poſés & rejointoyés en mortier d'argille, une couronne *L* (*Fig.* 6), au parement de laquelle on donne un talus renverſé, ou en ſur-plomb, en ſorte que de 13 pieds de diamétre par le bas elle ſe réduiſe à 12 au ſommet, ayant ſoin de bien battre & condenſer les terres que l'on rapporte derriere cette maçonnerie. On ſçait que l'argille & la terre franche ſont les ingrédients propres aux mortiers des maçonneries qui ſouffrent immédiatement l'action du feu.

20. Le ſommet de cette couronne de maçonnerie avec les terres qui la rencontrent, doit former autour du four une plate-forme de 6 à 7 pieds de large, que l'on tient auſſi plus élevée que le terrain du haut de la berge, afin qu'aucunes eaux de pluies ne puiſſent s'écouler auprès du four. On ſe ſert pour cette maçonnerie de la même pierre à Chaux, choiſie dans les morceaux de 6 à 8 pouces d'épaiſſeur & largeur, ſur 20 à 24 pouces de queue : la brique ſeroit certainement beaucoup meilleure à cet uſage.

21. En faiſant l'excavation du four, on n'a pas manqué d'en éloigner le tracé ſuffiſamment du bord de la berge, pour réſerver ſur ce côté une épaiſſeur *H* (*Fig.* 7) de 6 pieds de bonne terre, à travers laquelle on conſtruit une petite galerie ou voute à plein ceintre *C*, qui eſt la gueule du four. Cette galerie a 4 pieds de hauteur, un pied & demi de largeur par le bas, & ſes pieds-droits en talus. Si le four ſe trouve creuſé dans une terre argilleuſe & de bonne conſiſtance, on ne maçonne ni la voûte ni ſes pieds-droits ſur la longueur de la gallerie: on ſe contente d'en maçonner l'ouverture exté-rieure, après que le four eſt chargé, pour la partager ſur ſa hauteur en deux autres *E F*, chacune de 18 pouces en quarré. L'inférieure *F* ſert à tirer la braiſe du fourneau avec un rolle ou eſpèce de fourgon de fer de 16 pieds de longueur; la ſupérieure *E* pour y jetter le bois & attiſer le

feu avec une fourche de même longueur. Ces deux ouvertures font réduites à la moindre grandeur poffible, tant afin que le fourneau tire mieux l'air de la galerie, que pour lui conferver fa chaleur en bouchant plus aifément fa gueule, au moyen de bouchons à anfes, comme ceux de nos fours de Boulangers.

22. La gueule du four doit être fous un appentis H (*Fig.* 4.) G (*Fig.* 7), qui, s'il eft fermé totalement de planches bien jointives, n'en vaut que mieux, parce qu'il préferve la gueule du four des coups de vent & de la pluie, qui nuifent beaucoup à la régularité du feu. Cet appentis conferve auffi féchement le bois deftiné pour le four.

23. Si l'on conftruit cinq ou fix femblables fours collatéraux (*Fig.* 4), on les efpace à 4 ou 5 toifes l'un de l'autre. Alors au lieu d'un fimple appentis fur le devant, on forme une galerie commune pour tous les fours; & l'on ménage autour de chaque four les accès & rampes M (*Fig.* 4) néceffaires à toutes leurs manœuvres.

Charge de ce Four.

24. L'EGALITÉ de la calcination dans toutes les pierres dont on charge ce four, dépend prefqu'autant de l'arrangement qu'on leur donne que de la conduite & du dégré de chaleur du feu. Le fourneau A (*Fig.* 7), ou le vuide qui occupe le milieu de l'encuvement (N°. 18), eft une voûte paraboloïde de 6 pieds & demi de diamétre à fa bafe, & d'environ autant de hauteur, dont la calotte ou courbure n'eft point formée par des vouffoirs ou pendants, qui exigeroient trop de foin. On commence par arranger autour de la bafe des éclats de pierres grands comme la main, dont on forme une bordure ou banquette de 6 pouces de haut en les maçonnant avec l'argille: comme ils fupporteront un grand poids, il eft effentiel qu'ils ne puiffent fe déranger. On pofe en même temps à fec le pied-droit de la voûte, aux pierres duquel on donne d'abord une faillie d'environ 3 lignes des unes fur les autres. Toutes les pierres de cette voûte font choifies de deux à trois pouces d'épaiffeur, entre celles qui n'ont point de coquilles (N°. 10). On les prend courtes pour le bas, & l'on augmente au parement leur faillie de quelques lignes d'affife en affife, jufqu'à leur en donner deux pouces & plus à la naiffance du bombage. On emploie en même temps des pierres de plus en plus longues à mefure que les pieds-droits s'élévent, réfervant celles de 30 à 40 pouces pour former la voûte, en leur donnant jufqu'à trois & quatre pouces de faillie par affife. Enfin on ferme cette voûte par de femblables pierres les plus longues que l'on peut trouver; ce qui compofe une bâtiffe fort fimple & affez folide. A Metz, on arrange toutes les pierres du fourneau

jointives les unes aux autres par l'intérieur de la voûte : ailleurs, où l'on donne à-peu-près la même forme aux fours à Chaux, on espace toutes les pierres d'une même assise à quelques pouces les unes des autres.

25. A mesure que les pieds droits du fourneau s'élévent, on en garnit le pourtour par de grosses pierres d'un demi-pied cubique, que l'on arrange sur la queue des premieres Pierres plates ; sur-tout à l'endroit du rein de la voûte, puis de moindres morceaux derriere ces premiers, & enfin de menus éclats contre les parois du four. On conduit tout ce travail par couches de niveau, & on l'arrase de même lorsque la voûte est fermée. On charge de la même façon le dessus de la voûte, ou le milieu du four suivant son axe sur 3 à 4 pieds de diamétre de toutes les plus grosses Pierres que l'on puisse facilement transporter ; ensuite on les choisit plus petites, & toujours avec dégradation de volume vers la circonférence, où l'on jette des éclats sans arrangement ; manœuvre qui se répéte jusqu'à l'orifice supérieur du four, que l'on arrase aussi de niveau.

26. Outre le vuide du fourneau pratiqué sur la base du four (No. 24), on y forme en même temps une autre portion de voûte semblable à B (*Fig.* 7, & 9), qui s'appelle *l'entrée du fourneau.* Cette nouvelle portion de paraboloïde appuie sa coupe verticale contre la paroi de l'encuvement en pan coupé *T V* (*Fig.* 8, No. 19), où se trouve la gueule. Elle a huit à neuf pieds de hauteur sous clef, environ 3 & demi de largeur par le bas, & forme une arrête paraboloïdimbre K (*Fig.* 7 & 9) par sa rencontre avec l'ouverture du fourneau, qui n'a qu'un pied & demi de large, sur environ cinq pieds de hauteur. Cette seconde voûte s'exécute précifément comme le fourneau, & s'éléve seulement de 2 à 3 pieds plus haut à sa clef, afin que la poussée de son berceau se fasse sur le rein du fourneau, & ne puisse en déranger les pieds-droits. On entend bien que j'emploie dans ce Mémoire les termes de *parabo-loïde, sphéroïde,* & autres semblables, pour aider ma description ; mais que tout le travail des fours à Chaux s'exécute à l'œil, par gens qui ne connoissent ni régles ni compas.

27. Lorsque le four est rempli de Pierres jusqu'à son orifice supérieur, on le termine en y ajoûtant encore un demi-ellipsoïde de mêmes Pierres K1K (*Fig.* 6), dont le sommet s'éléve de 6 pieds plus haut que l'orifice du four, en y rangeant toujours autour de l'axe sur 4 pieds de hauteur les plus grosses Pierres, mais qui ne doivent être ici que du volume dès moyennes rangées au-dedans du four. Tout le reste de la solidité de ce comblement n'est composé que d'éclats posés à plat, par conséquent avec un peu plus de sujétion que dans le four.

28. On recouvre ensuite tout le dehors de cette calotte de grosses Pierres,

qu'ils appellent les *Tuileaux* I (*Fig.* 5 & 6), d'un pied de long & de six pouces d'épaisseur, que l'on arrange sur leur plat, & dont on ferme les joints avec un mortier d'argille mêlé de foin. On ne bouche cependant pas les joints inférieurs, ou du premier rang des tuileaux près l'orifice du four : on choisit même pour ce premier rang des Pierres angulaires ou pointues par un de leur bout, afin que ces joints, nommés les *Creneaux* du four G, restent bien ouverts, & donnent un passage libre à la flamme & à la fumée.

29. On y ajoûte encore ce qu'ils appellent *la Cheminée*, en posant sur la maçonnerie de l'orifice du four, à trois pouces des creneaux, une bordure d'un pied de hauteur de Pierres K (*Fig.* 5, & 6), qui ont six pouces d'épaisseur, posées debout, & que l'on rejointoie comme les tuileaux avec le même mortier. Ces Pierres de cheminée rougissent de feu, mais ne se calcinent jamais : elles sont destinées uniquement à parer les coups de vents sur les creneaux.

30. Toutes les Pierres qui entrent dans ce four ont été bien décrassées & nétoyées, sur-tout de leur Bousin (Nᵒ. 8), qui empêcheroit leur calcination : celles des voûtes ont été taillées & ajustées exprès par le bout qui doit se présenter au parement; ce qui fournit des éclats pour la bordure à la circonférence du four.

31. Le four ainsi totalement chargé, on entoure son sommet d'une haie de planches F (*Fig.* 5 & 6) de quatre pieds & demi de hauteur, posées de champ entre des piquets à 2 pieds & demi de la cheminée ; ce qui forme un abri-vent au couronnement. On y laisse une porte pour pouvoir approcher le sommet du four, & réparer le mortier des tuileaux & cheminée, quand la chaleur le fait gercer & se fendre. Au moyen de cet abri-vent, & de l'appentis du devant du four (Nᵒ. 22), il est assez indifférent comment il est orienté.

Du feu de ce Four.

32. Le meilleur bois pour fabriquer la *Chaux âpre*, suivant les Chaufourniers de Metz, est le Tremble, comme flambant plus aisément que tout autre ; ensuite diverses espèces de Bois blancs; & enfin le Chêne : on y admet cependant de toute espèce de bois comme il se trouve. * L'expérience leur a appris que plus le bois fait de flamme, moins le four en consomme; en sorte que leur industrie principale pour la conduite du feu, consiste à le faire le plus clair qu'il est possible. Il faudroit peut-être en conclure à Metz, comme on le fait ailleurs, que tous menus végétaux bien secs & moins

---

* Les Bois tendres qu'on nomme *Bois blancs*, Tremble, Peuplier, Saule, Aulne, &c. se consument très-vîte; mais quand ils sont bien secs, ils font beaucoup de flamme & un feu ardent; ils ont l'avantage d'être moins chers que les Bois durs. Le Charme & le Hêtre font aussi une belle flamme.

chers

chers que le bois, vaudroient encore mieux à cet ufage, & en faire des épreuves. Ici outre le choix du bois, on cherche, par fa difpofition dans le fourneau, à lui faire jetter une grande flamme : on le fend en menus morceaux de toute la longueur du bois de corde, pour qu'il devienne plus fec, & lui faire acquérir plus de furface.

33. On place d'abord dans le fourneau quelques fagots fur des copeaux auxquels on met le feu, & l'on y ajoûte un peu de bois fendu, pour échauffer le fourneau par degrés. Si les pierres étoient furprifes d'un feu trop vif, plufieurs fe briferoient & fe déplaceroient, la voûte pourroit s'écrouler : au lieu qu'un feu modéré les fait fuer doucement, & jetter toute leur humidité fans accident : on prend la même précaution dans tous les fours à Chaux à grande flamme. Ce feu tempéré fait fuer auffi les parois du terrain naturel de l'encuvement (N°. 18.) & les mortiers de la maçonnerie (N°. 19.) auxquels il fait prendre corps fans gerçures. On doit de même faire fuer & reffuyer lentement les tuiles & briques que l'on fait cuire avec du bois (*Art du Tuilier*, p. 17.); on fait recuire les fours à pain neufs ou qui n'ont point travaillé depuis quelques mois, & généralement tous les fours & fourneaux de maçonnerie qui doivent foutenir l'action immédiate d'un grand feu : & *recuire* en ce fens veut dire *faire fuer & deffécher*.

34. On a remarqué que les pierres nouvellement tirées de la carriere, & celles du deffus des carrieres qui font les plus tendres, fe déchargent beaucoup plutôt de leur humidité & font plutôt calcinées que celles qui fe font durcies à l'air pendant quelque temps (N°. 7.) ou qui venant du fond des carrieres font naturellement plus compactes & plus vives : que ces dernieres font la Chaux la plus parfaite, & en produifent davantage : que les lits ou bancs de deux à trois pouces d'épaiffeur, qui fe rencontrent entre d'autres d'un pied d'épais, font d'une pierre très-dure, fort longue, exempte de coquilles, & par conféquent la plus propre à la conftruction du fourneau, comme à donner la meilleure Chaux.

Cette opinion que la meilleure Chaux vient de la pierre la plus vive & la plus difficile à calciner, m'a paru commune à tous les Chaufourniers de bonne foi dans toutes les Provinces. Mais la conféquence qu'ils en tirent ordinairement eft d'employer tant qu'ils peuvent dans leurs fours des deffus de carrieres, & de mauvaifes pierres, parce qu'il leur en coûte moins pour les convertir en Chaux.

35. Le premier feu, qui fe nomme *l'embrafement du four*, noircit la pierre quand elle eft féchée, & l'on juge à cet indice qu'elle eft en état d'en fupporter l'augmentation. Il eft vraifemblable que pendant l'évaporation de

l'humidité des pierres, la fumée du bois qui s'élève du fourneau ne peut s'attacher à leur surface parce qu'elle en est continuellement repoussée par l'effort de leur fumée propre: au lieu que quand les pierres, devenues seches, ne sont plus environnées de cette émanation, la fumée du bois se condense à leur surface & les charge de suie: peu après, lorsqu'un feu plus violent les a pénétrées, cette suie qui les couvroit se consume & se dissipe; les pierres deviennent blanches; c'est à quoi l'on connoît qu'il est temps de pousser le feu à son plus haut degré.

36. Il faut ordinairement vingt-quatre heures pour *embraser* le four avec une corde de bois débitée, comme je l'ai dit (Nº. 32.) ; lorsque la pierre est fort vive & dure, on y met plus de temps; quelquefois deux jours entiers.

37. Pour faciliter & augmenter l'inflammation, on se garde bien de jetter le bois à plat dans le fourneau; on en croise en travers plusieurs morceaux dans l'espace de l'entrée du fourneau (Nº. 26.); on en appuie d'autres en long contre les parois de cette entrée (*Fig.* 9.) : en un mot le Chaufournier fait de son mieux pour que le bois soit soutenu en l'air, & reçoive le courant de l'air par le dessous. Il pourroit être plus simple qu'il y eût sur ce foyer un grillage arrangé de façon qu'on pût l'enlever aisément pour décharger le four: ou plutôt, puisqu'il n'est ici question que d'obtenir une grande flamme, ce four seroit plus parfait si le milieu de son foyer étoit une lunette grillée qui tirât l'air du dessous par une galerie, comme on en voit à d'autres fours à Chaux (*Fig.* 23.).

38. Après l'embrasement du four, on augmente le feu jusqu'à lui faire consumer 6 cordes de bois le second jour; puis en diminuant, 5 cordes le troisieme jour, 4 cordes le quatrieme, enfin une corde le cinquieme jour.

39. Chaque fois que le Chaufournier remet du bois dans le fourneau, il en referme la gueule (Nº. 21.) pour que trop d'air ne le refroidisse pas.

40. C'est en considérant ce feu, que j'ai cherché à me rendre raison de tout l'arrangement des pierres dans le four. La flamme est un fluide qui dans l'air libre s'élève toujours en pyramide, & mieux encore quand elle est contenue, comme ici, par les côtés sous une forme circulaire; mais elle suit aussi, à raison de sa grande légéreté, tous les mouvements de l'air qui la frappe. La couverture du four, recrépie d'argille, empêche l'écoulement de l'air qui se feroit suivant l'axe du four, & l'oblige à se partager dans les creneaux du pourtour: ainsi la flamme est obligée de prendre cette direction, & de diverger du centre du fourneau vers les creneaux G (*Fig.* 6.) : elle doit donc prendre à peu près la forme d'un paraboloïde renversé dont le sommet est au fourneau D, & la base à l'orifice supérieur du four GG. De tous les points de ce solide de flamme, il part une infinité de rayons de feu qui s'élancent vers

l'axe du four où ils ne trouvent aucune réſiſtance : la forme en ſurplomb des parois *L* de la moyenne région du four (N°. 19.) doit replier la flamme & contribuer beaucoup à répercuter encore plus de ces rayons de feu vers le centre : c'eſt donc autour de l'axe que doit ſe trouver le plus violent degré de chaleur : rien n'eſt plus à propos que d'y placer les plus gros maſſifs de pierre, qui d'ailleurs laiſſent entre eux d'aſſez grands intervalles, & favoriſent par ce moyen la communication du feu avec le haut du four.

La flamme qui frappe immédiatement les pieds-droits du fourneau, en pénetre & calcine néceſſairement toutes les pierres : mais comme le courant de l'air la porte rapidement du côté des creneaux *G*, elle ne peut frapper ni échauffer que foiblement les parties latérales inférieures à ſa ligne de direction, c'eſt-à-dire, qui ſe trouvent derriere les pieds droits du fourneau : on ne doit donc y mettre que de menus éclats faciles à échauffer, & qui puiſſent ſe calciner à la ſeule chaleur qui leur ſera communiquée par les pierres rougies des pieds-droits ; de plus gros morceaux dans cet emplacement réſiſteroient trop, & ne ſeroient pas convertis en Chaux. Par la même raiſon, plus les pierres du four ſont éloignées de ſon axe, moins elles ſe reſſentent du concours des rayons de feu qui s'y croiſent : on doit donner moins de travail à un feu plus foible, & lui préſenter de moindres maſſifs à calciner à meſure qu'on les éloigne davantage de l'axe du four. Plus l'ellipſoïde s'éleve au-deſſus du four, plus il s'éloigne des points de convergence de la chaleur centrale, qui s'affoiblit à meſure que ſes rayons s'étendent davantage : ainſi le ſommet de cette figure ne demande non plus que des éclats ; il eſt d'ailleurs plus voiſin de l'air extérieur, dont l'impreſſion l'empêche de s'échauffer autant que le deſſous.

Défauts des Fours plus grands.

41. L'EXPERIENCE paroît favorable à ces conjectures. Quand on a voulu charger autrement ces fours, ou les faire plus grands, on a toujours manqué les fournées en tout ou en partie. Le même inconvénient ſe rencontre lorſque les fours ſe font agrandis à force de ſervir : alors les pierres qui ſont à la circonférence ne ſe calcinent plus totalement. Il faut en les chargeant y remédier, & obliger la flamme à s'y porter en plus gros volume. C'eſt ce qu'operent quelques bûches *E* (*Fig. 6.*) que l'on dreſſe debout les unes ſur les autres entre les pierres à Chaux des deux côtés de l'entrée du fourneau, depuis le deſſus de la voûte juſqu'aux creneaux. On n'en met pas vers le côté oppoſé à la gueule, parce que le courant de l'air y porte toujours ſuffiſamment la flamme. Lorſque ces bûches ſont conſumées, les pierres qui les entouroient reſtent en place, & il ſe trouve entre elles au lieu de

bûches plusieurs canaux dans lesquels la flamme se dirige & séjourne plus
long-temps qu'elle n'auroit fait sur ce côté sans la précaution de lui pratiquer
ces soupiraux. Ce méchanisme revient à celui que nous voyons observer dans
les fourneaux à briques pour le même objet. (*Art du Tuilier, pp.* 17. & 45.).

Nécessité de la continuité du feu.

42. On a remarqué dans tous les fours à Chaux où l'on travaille par fournées, ainsi que dans les Tuileries, qu'il est indispensable d'y pousser le feu
d'une fournée sans interruption: les Chaufourniers prétendent même que si
l'on avoit laissé éteindre un four à Chaux de ce premier genre au milieu de
son opération, il ne seroit plus possible de le rallumer. Cette observation
supposée juste, & jointe à celle de la vivacité d'un feu qui monte dans toute
sa force jusqu'au sommet d'un four à Chaux ou d'un fourneau de briques,
c'est-à-dire, à plus de 20 pieds au-dessus des foyers où se consume le bois,
sembleroit prouver que plusieurs causes contribuent à la nourriture & à l'entretien de ce feu. Il est bien certain que la flamme trouve dans l'arrangement
des pierres de ce four quantité de tuyaux & de conduits semblables à cet entonnoir qui placé sur la flamme d'une chandelle l'oblige à s'allonger & à
s'étendre vers le haut. Mais ne pourroit-on pas soupçonner qu'elle fait en
même temps sortir de ces matériaux des principes qui lui servent d'aliment
continuel, & lui entretiennent son degré de chaleur propre à la calcination?
Si on laissoit éteindre le four avant que le sommet fût échauffé à un point
suffisant, la flamme d'un nouveau feu pourroit bien s'étendre jusqu'au sommet,
mais n'y acquerroit vraisemblablement jamais le degré d'intensité nécessaire,
n'étant plus alimentée de proche en proche par les matériaux d'en-bas, qui
auroient été précédemment dépouillés de leur phlogistique naturel.

Signes de la calcination.

43. On reconnoît que la Chaux est faite, lorsqu'à travers les creneaux G
& les joints des tuileaux H, (*Fig.* 5. & 6.) on apperçoit les pierres d'un beau
couleur de rose, pénétrées de feu comme un charbon bien allumé, & que
la flamme tant des creneaux que du fourneau est devenue bien blanche. Dans
tous les fours à Chaux où l'on emploie la grande flamme, elle change plusieurs fois sensiblement de couleur. La première qui sort pendant que le
four s'embrase est très-brune, & presque noire, parce qu'elle est mêlée de
beaucoup de fumée trop humide qui ne s'enflamme point. Elle devient successivement d'un rouge foncé, violette, bleue, jaune & blanche; apparemment suivant la décomposition qui se fait successivement entre les différents
principes combustibles de la pierre. J'ai parlé aussi (N°. 11.) de l'odeur
successivement

fucceffivement variée de la flamme des fours à *Chaux âpre.*

44. Ces mêmes fours donnent encore un autre indice de la parfaite calcination des pierres qu'ils contiennent. L'expérience a appris aux Chaufourniers
que la demi-ellipfoïde du couronnement, formé fur fix pieds de hauteur,
doit fe réduire à quatre; & que le fourneau conftruit de 6 ½ pieds fous clef,
doit s'abaiffer à n'avoir plus que cinq pieds.

Réfroidiffement du Four.

45. On retire alors la braife du fourneau; & le laiffant ouvert, le bas fe
réfroidit affez vîte. Si l'on eft preffé, on peut au bout de 24 heures commen-
cer à en tirer la Chaux par la gueule du four, en brifant la voûte qui s'écroule
fort aifément. Il faut bien douze heures de plus pour réfroidir le fommet,
quoique l'on ôte partie des tuileaux du comble; après quoi on décharge le
four par en haut & par en bas, & rien n'empêche de le recharger fur le champ
s'il n'y a aucunes dégradations.

46. Les manœuvres qui fe font par la gueule du four, rendent cette partie
plus fujette à l'entretien que toutes les autres. Il faut à chaque fournée rétablir
les pieds-droits de la galerie en terre graffe, s'ils ne font maçonnés. Les
pierres de l'orifice fupérieur du four fe calcinent auffi fort fouvent, & tombent en pouffiere: on les remplace à mefure qu'elles manquent; toutes menues réparations qui fe font par le Chaufournier & à fes dépens. Mais ce qui
endommage le plus ces fortes de fours, c'eft la crépitation des coquilles qui
entame la terre des parois de l'encuvement, agrandit confidérablement fon
diametre, & met enfin le four hors de fervice. Ce font tous accidents qui
n'arriveroient pas fi ces fours étoient en total revêtus intérieurement de briques; cette dépenfe fe trouveroit fans doute compenfée lors d'une longue
exploitation fur des carrieres abondantes.

Grandeurs convenables à ces Fours.

47. Il n'y a pas d'inconvénient à faire ces fours plus petits que ceux ci-
devant décrits (N°. 18.). On en conftruit de 10 pieds de diametre au fommet, réduits à 6 pieds par le bas; d'autres de 9 pieds, réduits à 5 ½; tous à peu-
près établis du refte fuivant les mêmes proportions que les grands.

Déchet fur les fournées.

48. Les plus grands fours à Chaux de Metz, dont j'ai rapporté les dimenfions (N. 18.), contiennent fix toifes cubes, ou près de 1300 pieds cubes
de pierres, qui rendent communément 500 quartes de Chaux, faifant 1250
pieds cubes, à raifon de 2 ½ pieds cubes par quarte, lorfqu'il n'y a d'autre

CHAUFOURNIER. E

déchet fur les fournées que les tuileaux (Nᵒ. 28.), qui étant à l'air ne peuvent fe calciner. Mais il eft affez ordinaire qu'il s'y en trouve quelqu'autre, foit de la part des mauvais temps, foit par la négligence du Chaufournier dans la conduite du feu. Lorfque les vents chaffent violemment & long-temps d'un même côté, ainfi que la pluie, les pierres du fommet qui fent le plus près du vent, ne fe calcinent pas, & reftent en *écreviffes*, ou colorées de rouge, malgré les abri-vents. Les grandes chaleurs, le tonnerre fur-tout, réduifent, à ce que l'on prétend, la Chaux en poufiere, quoique bien faite : alors il en entre davantage dans la mefure, ce qui eft un déchet pour le Chaufournier. Il s'en perd auffi à la décharge du four & au tranfport. On compte donc ordinairement qu'un moyen four de 5 toifes cubes, ou de 1080 pieds de pierres rend, tout déchet déduit, 400 quartes ou 1000 pieds cubes de Chaux.

49. On prétend encore que ce déchet feroit plus confidérable s'il ne fe trouvoit en partie compenfé par le gonflement de la pierre, qui, difent les ouvriers, augmente de volume en fe calcinant. Plufieurs Chaufourniers m'ont affuré que cette pierre rend en Chaux un vingtieme de plus que fon premier cube. Mais l'affaiffement de toute la fournée (Nᵒ. 44.) prouve directement que ce n'eft pas par le renflement de la pierre. Il me paroît que la plûpart de ces pierres fe trouvant brifées pendant leur calcination, elles occupent en total plus de place dans les voitures qui les tranfportent en fortant du four, quoique le volume particulier de chaque pierre foit réellement diminué. Les Chaufourniers font beaucoup mieux fondés fans doute à croire que fix toifes cubes de pierres mefurées comme elles font rangées aux carrieres, n'en font plus que cinq toifes quand elles font dans le four, où l'intérêt de les bien arranger a pris la place de celui que les carriers avoient à les faire foifonner. Ce dernier article fe vérifie dans tous les fours à Chaux de ce genre : mais on y penfe affez généralement que ces cinq toifes cubes de pierres du four rendent à la mefure fix toifes cubes de Chaux.

Pefanteur de la Chaux.

50. J'ai trouvé le pied cube de cette Chaux fans vuides pefer, réduction faite, 102 livres : la pierre en fe calcinant perdroit donc un peu plus de 7 onces 5 gros par livre de fon poids (Nᵒ. 7.) ; ce qui furpafferoit la diminution qui s'eft rencontrée fur le marbre blanc dont M. Duhamel a rapporté les Expériences (*Acad.* 1747. *p.* 63.). On compte en général que la Chaux pefe moitié de la pierre dont elle eft fabriquée : cependant toutes les pierres dures dont j'ai fait l'épreuve en différentes Provinces m'ont paru perdre un peu moins de moitié, mais plus que ce marbre blanc.

La Chaux âpre n'est point de garde.

51. On fabrique rarement de la Chaux pendant l'hiver, à cause des contradictions que cette saison apporte à la conduite du feu. Il s'y joint encore une autre raison pour la *Chaux âpre*, c'est qu'elle ne se garde pas étant éteinte comme d'autre Chaux; qu'il faut l'employer sept ou huit jours au plus tard après qu'elle est fabriquée (Nº. 5.); & que les maçonneries construites en hiver avec cette Chaux sont encore plus mauvaises que toutes celles auxquelles on emploie d'autre Chaux. On m'a dit à Metz avoir éprouvé de faire former exprès un certain cube de maçonnerie en mortier de *Chaux âpre* par la gelée, & que les pierres au bout d'un an ne tenoient pas mieux ensemble que si elles eussent été posées tout au plus dans un mortier d'argile.

Consommation du bois pour ce Four.

52. La consommation du bois pour ce four à Chaux varie selon que la fournée exige plus ou moins de temps pour sa calcination, qui quelquefois s'acheve en quatre jours, & d'autres fois en exige six. La proportion réduite sur un grand nombre de fournées donne 14 cordes de chêne, ou 12 cordes de bois blanc (Nº. 3ª.) pour cinq toises cubes de pierres, ou 1000 pieds cubes de Chaux. Ces mesures de bois rendent après qu'il a été fendu, sçavoir, le chêne 19 ½ cordes; & le bois blanc, qui est généralement plus droit que le chêne, 16 ½ cordes *. Les bois se tirent des environs de Pont-à-Mousson

---

* *Note de M. Fourcroy.* Il ne sera peut-être pas hors de propos de rapporter ici quelques Observations qui ont été faites à l'occasion du cordage de ces bois ronds & fendus.

Les dimensions de la corde de Paris, de 8 pieds de long & 4 de hauteur sur 42 pouces de la longueur du bois, forment un solide de 112 pieds cubes, mais qu'il est impossible de remplir sans vuides avec des bois ronds, soit entiers soit fendus, tels que sont tous les bois à brûler. On n'admet d'ailleurs dans une corde de bois, suivant les Réglements des Eaux & Forêts, que des bois d'une certaine grosseur déterminée, pour les plus petits morceaux, attendu que ceux au-dessous doivent entrer dans les fagots pour en être les parements. A Paris, tous les bois ronds qui ont 17 pouces de pourtour ou davantage peuvent, suivant l'Ordonnance de la Ville de 1672, être réservés pour être vendus entre les bois que l'on nomme *de compte* ou *de moule*, qui sont plus chers que ceux de corde. Dans les Provinces, on ne fait pas cette dernière distinction : mais il en résulte qu'il n'y est pas facile, comme à Paris, de se procurer de gros bois à brûler tous ronds, parce que tous les Marchands de bois sçavent pratiquement que les gros bois ronds sont ceux qui rempliroient le mieux la corde, ou que le bois de quartier foisonne beaucoup plus à la mesure, & qu'en conséquence ils n'en

réservent aucuns à vendre ronds.

Ces divers usages s'accordent très-bien avec l'expérience de Metz ci-dessus, dans laquelle on voit que réduction faite, 8 cordes de bois rond rendent 11 cordes de bois fendu.

On pourroit aussi démontrer, en se servant du principe de M. de Mairan sur les piles de bois, (*Dissert. sur la Glace* 1749. p. 143.) qu'avec tous bois précisément cylindriques de 3 ½ pouces de diametre, c'est-à-dire, de la grosseur la plus favorable au remplissage exact de la corde, il ne seroit pas possible d'y faire entrer jusqu'à 97 pieds cubes de bois. Si l'on joint à cette donnée le résultat de l'expérience de Metz, il s'ensuit que c'est tout au plus s'il peut entrer 70 pieds cubes effectifs de bois dans une corde, le mieux mesurée qu'il est possible en bois fendus ; & que sur les 112 pieds du cube de la corde, il se trouve nécessairement au moins 42 pieds de vuide. On sent assez combien la fraude ou mal-façon dans le cordage, & la forme tortueuse des bois peuvent augmenter ce vuide au grand préjudice de l'acheteur.

Il n'en faut pas davantage pour prouver les inconvénients de cette méthode de jauger les bois à brûler, & qu'il n'y a peut-être aucune mesure de toutes celles qui ont cours en France qu'il fût plus convenable de réformer.

Il est établi dans la Maîtrise des Eaux & Forêts

à 5 lieues de Metz, & coutoient en 1758, 6 liv. la corde, pris dans les forêts & presque tout chêne ; 4 liv. de transport jusqu'à Metz en le faisant flotter sur

du Boulonnois & du Calaisis, & pratiqué fort anciennement dans ce petit canton où les bois sont fort chers, un usage de beaucoup préférable au cordage. Il seroit fort à desirer qu'il n'est vraisemblable de le voir imiter dans tout le Royaume, parce qu'il ne rend possible au Marchand de vendre qu'à-peu-près le cube effectif des bois à brûler, comme on le fait partout pour ceux de charpente.

Les bois à brûler ont en Boulonnois 54 pouces de longueur entre deux tailles. On les distingue en *bois durs*, qui sont le hêtre, le charme, l'orme & le frêne ; & en *bois tendres*, qui sont le tremble, le bouleau, l'aune, le saule, & toute autre espece de bois blanc : & comme tout chêne est destiné pour la charpente & les constructions de Navires, il ne s'en brûle que ce qui est trop défectueux pour ces usages : le chêne est rangé par cette raison dans la classe des *bois tendres*, outre qu'il brûle aussi moins bien que ces bois nommés *durs*.

Tous ces bois à brûler se vendent à la *marque* & à la *somme*. Une *marque de bois durs* est une bûche ronde garnie de son écorce, de 54 pouces au moins de longueur sur 8 pouces de tour : elle contient donc au moins 275 pouces cubes de bois. Il n'est permis de mêler dans les bois de *somme* aucun morceau plus petit que celui-là. Une *marque de bois tendre* est de même longueur sur 9 pouces de tour, & contient au moins 348 pouces cubes de bois. Une *somme* est de 61 *marques* : elle contient en *bois durs* au moins 16775 pouces cubes de bois, & en *bois tendres* au moins 21228 pouces cubes.

Il est défendu aux Marchands de fendre aucune bûche à moins qu'elle ne soit de plus de 20 *marques*, c'est-à-dire, à moins qu'elle n'ait plus de 35 pouces-9 lignes de tour si c'est du *bois dur*, ou 40 pouces 2 lignes si c'est du *bois tendre*. Fendre, dans le pays veut dire partager seulement en deux : tout bois partagé sur la grosseur en plus de deux s'appelle *bois écartelé*, & est proscrit totalement d'entre les bois à *la somme*. Comme un morceau d'orme de 20 *marques* peut peser de 130 à 150 livres, on a jugé que des fardeaux plus lourds seroient trop difficiles à remuer, & briseroient aisément les voitures ; c'est pour cela qu'il est permis de les *fendre*.

Tous les bois à *la somme* sont jaugés par le développement du pourtour de leur écorce. La jauge est un ruban de fil fabriqué comme le padou, divisé par des traits d'encre suivant les racines quarrées des circonférences d'une suite de cercles qui

font entre eux en progression arithmétique double, ou dont le premier terme exprime aussi la différence ; & cela sur le principe que les cylindres de même longueur sont entre eux comme les quarrés des circonférences de leurs bases. La bûche ou le cylindre d'une *marque* ayant de pourtour 8 pouces $= \sqrt{64}$, la bûche de 4 *marques*, qui doit être quadruple de celle d'une *marque*, doit avoir 4 fois $64 = 256$ pour quarré de son pourtour, & par conséquent 16 pouces de pourtour $= \sqrt{256}$.

Une *marque* de bois tendre étant de 9 pouces de tour, on voit que la même division de la jauge ne convient pas aux deux qualités de bois : aussi faut-il diviser le ruban en *marques* pour les bois durs sur une de ses faces, & *pour les bois tendres* sur l'autre face.

La division méchanique de cette jauge, quoique très-géométrique, est extrêmement facile pour tout le monde. On trace sur un plancher une ligne *AB* de 5 ou 6 pieds, à l'origine de laquelle on éleve une perpendiculaire *AC* de 8 pouces de hauteur si c'est pour les *bois durs*, ou de 9 pouces si c'est pour les *bois tendres* : on porte ces mêmes 8 ou 9 pouces sur la ligne de 6 pieds de *A* vers *B*, & l'on y trace le point 1 d'une *marque de bois* : puis prenant la distance directe entre ce point 1 & l'extrémité *C* de la perpendiculaire *AC*, on porte cet intervalle sur la ligne de 6 pieds de *A* vers *B*, ce qui donne le point 2 pour un morceau de bois de *deux marques*. On mesure de même l'intervalle 2 *C* entre le point dernier trouvé & l'extrémité supérieure de la perpendiculaire, laquelle distance portée de *A* vers *B* donne le point 3 pour un morceau de bois de 3 *marques* : & ainsi de suite pour autant de marques que l'on veut en avoir sur le ruban ; c'est-à-dire, jusqu'à 36 ou 37 *marques*, n'y ayant pas de bois plus gros dans le pays. On couche le long de cette ligne ainsi divisée le ruban de fil, sur lequel on transporte & numérote toutes ces divisions. Pour vérifier ces divisions, on peut remarquer que les *marques* de la jauge doivent suivre les progressions de longueur suivantes.

Pour les bois durs.		Pour les bois tendres.	
marque a de longueur po.		marque a de long. po.	
1	. . . 8	1	. . . 9.
4	. . . 16	4	. . . 18.
9	. . . 24	9	. . . 27.
16	. . . 32	16	. . . 36.
25	. . . 40	25	. . . 45.
36	. . . 48	36	. . . 54.

Il est donc fort aisé de comparer en tout temps ces divisions principales soit avec un étalon de Roi ou une toise bien divisée, soit avec l'étalon de la jauge qui est de bois, & de voir si le ruban ne s'est pas alongé ou raccourci.

Toute bûche ronde se mesurant par le développement du pourtour de son écorce pris au milieu de sa longueur avec le ruban, le point du ruban où son origine *A* rencontre l'une de ses traces, exprime par son N°. la quantité de *marques*

la

la Moſelle, & 2 liv. pour le voiturer aux fours : enſorte que la corde revenoit à 12 liv. rendue aux Chaufours. Il en coûtoit encore 20 ſols par corde
pour le fendre ; & les 14 cordes, meſure de Paris, coûtoient en total 182 liv.

Temps néceſſaire pour une fournée, & dépenſe.

53. Pour entretenir ſix de ces fours, & en avoir tous les deux jours un à
vuider, il faut un Chaufournier conducteur, huit journaliers qui chargent
un four en deux jours, & quatre ou cinq manœuvres pour aller chercher la
pierre à portée des fours : lorſqu'elle en eſt éloignée de 50 toiſes, on fournit
au Chaufournier des manœuvres de plus pour le roulage. Trois des premiers
journaliers gagnoient en 1758 chacun 30 ſols par jour en travaillant jour & nuit,
les cinq autres & les manœuvres 12 à 14 ſols pour le jour ſeulement, & ceux-
ci aidoient à charger les voitures pour le tranſport de la Chaux ſur les ouvrages.
Le Chaufournier entreprenoit la charge & la calcination d'une fournée de 5
toiſes cubes pour 40 liv. lors d'une exploitation ſuivie. On juge bien que pour
un petit four tout ſeul toute cette main-d'œuvre peut coûter davantage.

54. Les 1000 pieds cubes de *Chaux âpre* coûtoient donc au pied du four,
ſçavoir :

Le tirage de 6 toiſes cubes de pierres (Nᵒ. 13.). . . . . . 24. liv.
Les 14 cordes de bois. . . . . 182.
La main d'œuvre de la fournée. . . . . 40.
La conſtruction du four, & l'indemnité du terrain des fours
& carrieres. . . . . 11.

Total. . . . . 257. liv.

Elle revenoit donc à 54 liv. 18 ſols la toiſe cube, ou à 5 ſols 1½ den. le

que contient cette bûche. L'uſage du pays eſt
que toute fraction de *marque* appartienne à l'acheteur, & ne ſe compte pas dans la valeur de chaque bûche. Si la bûche eſt demi-ronde, elle n'eſt
de même jaugée que par le développement du
demi-cercle de ſon écorce. Mais comme le quarré formé ſur la moitié d'une ligne n'eſt que le
quart du quarré formé ſur toute la ligne, cette meſure priſe ſur le développement de l'écorce d'une
bûche demi-ronde, qui n'eſt qu'une demi-circon-
férence, ne donne non plus ſur la jauge que le
quart des *marques* que contenoit la bûche entière
avant d'être fendue. Il eſt donc ordonné que toute bûche fendue, ou plutôt *toute moitié de bûche
ronde ſera comptée pour le double des marques indiquées
ſur la jauge par le demi-rond de ſon écorce, ſans que
jamais le marchand puiſſe en exiger davantage.* Sur
quoi il eſt bon d'obſerver que ce terme *demi-rond*
prévient les abus ſur les bûches qui ſeroient plus
de moitié du cylindre total, comme l'excluſion
des *bois écartelés* prévient ceux ſur des bûches qui
auroient des angles dans leur fente, ou ſeroient
moindres que des moitiés de cylindre.

La très-grande facilité que chacun trouve à ſe
procurer le ruban de jauge & à en faire uſage ſoi-
même, eſt la raiſon pour laquelle il n'y a pas de
Jurés-jaugeurs de bois dans les villes du Boulonnois ni à Calais ; ils y ſeroient inutiles. Le Marchand
livre le bois tout marqué ſur chaque piece par ceux
qui le débitent dans la forêt : chaque Bourgeois a
ſon ruban ; il ne tient qu'à lui de vérifier toutes
les bûches, & de ſe plaindre aux Officiers des
Eaux & Forêts ſi le bois ſe trouve mal marqué :
mais c'eſt ce qu'on ne voit pas arriver. C'eſt par
ce moyen ſi ſimple, que j'ai pu fournir une eſtima-
tion qui m'avoit été demandée du rapport de la
jauge des bois à brûler de Calais à la corde de
Paris. J'ai trouvé que les 7 ſommes de bois durs à
Calais valent environ 68 pieds cubes effectifs de
bois, à quoi j'évalue la corde ordinaire à Paris,
en bois fendu.

Ce réglement m'a paru d'autant meilleur à faire
connoître, qu'il pourroit être utile ailleurs, & qu'on
ne remarque dans le Boulonnois aucun inconvénient à ſon exécution.

F

pied cube, qui se vendoit communément 6 sols 6 den. dans Metz. La Chaux commune coûtoit à Paris 20 sols le pied cube en 1763 (*Art du Chamois. p.* 24.).

Consommation de cette Chaux pour les Maçonneries.

55. Par le grand usage que l'on a fait de cette Chaux aux ouvrages de la Fortification de Metz, on a reconnu qu'il en falloit employer une toise cube pour 8 ¼ toises cubes de maçonnerie de moëllons durs, ou pour 9 toises au plus ; au lieu que généralement de toute Chaux qui se coule on compte qu'une toise cube, mesurée vive, fournit à 10 toises cubes au moins de cette même maçonnerie, pour lesquelles on estime qu'il faut 3 toises cubes de mortier : cependant cette proportion varie de $\frac{1}{10}$ à $\frac{1}{12}$, suivant la qualité de la Chaux.

56. Cette premiere espece de fours à grande flamme est en usage sur toute notre frontière de Lorraine & de Champagne, en Provence, & en plusieurs autres Provinces, avec quelques petites différences dans leur construction.

Fours à Chaux de Provence.

On voit dans les desseins de ce Mémoire (*Fig.* 10, 11, 12.) la forme des fours à Chaux de Toulon, qui m'a été envoyée par M. le Chevalier Vialis, Ingénieur ordinaire du Roi, avec diverses observations qui s'accordent absolument avec les miennes. Ceux-ci se chauffent avec des fagots, & en font à peu-près la même consommation que les fours à Chaux de Champagne dont je vais parler. On verra dans l'Explication des Figures le détail de ce qui concerne ces fours de Provence.

Fours à Chaux de Champagne.

57. M. Dumoulin, l'un des Commandants à notre Ecole Royale du Génie, m'a fourni des Notes que je vais extraire sur l'exploitation des fours à Chaux de Mezieres & de Sedan. A ces fours le fourneau (N°s. 18, 24) est construit avec plus d'appareil qu'à ceux de Metz. « Sur un grillage de grossiere char-
» pente *M, N, O,* (*Fig.* 15, 18,) on forme un cintre hémisphérique de fa-
» gots *P* & de menus bois, sur lequel porte la voûte du fourneau, composée de
» pendants ou voussoirs *R*, assez réguliers, que l'on pose avec sujétion pour
» qu'ils puissent se soutenir assez quand cette voûte est décintrée. Le massif
» du four est lardé de plusieurs rondins *S* (*Fig.* 16, 18, 19), ou brins de
» bois d'environ 3 ½ pouces de diametre, qui le traversent depuis le dessous
» de la voûte jusqu'au sommet du fourneau, pour aider la flamme à pénétrer
» dans la masse (N°. 41.). Le four ne se charge qu'à peu-près jusqu'au niveau
» de son orifice (*Fig.* 19), que l'on recouvre de deux pouces de glaise mêlée de
» paille *T*. Le feu se fait avec des fagots ou bourrées : un four contenant environ

» 300 pieds cubes de pierre exige 4 ½ heures pour le faire fuer, & enfuite
» un feu violent de 24 à 30 heures pour la calcination. Il rend, fuivant les
» Chaufourniers, environ 40 pieces de Chaux de 7 pieds cubes chacune, y
» compris 2 à 3 pieces de *rigaux* ou pierres mal calcinées; en forte que l'on
» peut eftimer fon produit à environ 270 pieds cubes. Il confomme en total
» 4 à 500 fagots, qui valent dans le pays 10 liv. le cent lorfque la corde
» de gros bois, mefure de Paris, y coûte 12 liv. 7 fols ». J'eftime par cette
proportion du prix des fagots à celui du bois de corde, que les 450 fagots peuvent être équivalents à 36 cordes de bois; & que dans ces fours la confommation du bois & le déchet fur la pierre font à-peu-près les mêmes qu'aux
fours à Chaux de Metz. « Cette Chaux revenoit au Chaufournier de Mezieres
» en 1764 à fix fols au plus le pied cube, & fe vendoit communément de
» fept à huit & demi ».

Four à Chaux décrit dans l'Encyclopédie.

58. LE feul four à Chaux fommairement décrit dans l'Encyclopédie eft
encore de la même efpece; auffi pourroit-on croire par le difcours que c'eft
un four à Chaux des Ardennes, ou du voifinage de la Champagne. Il eft fup-
pofé conftruit en rafe campagne, & élevé tout en maçonnerie; par conféquent c'eft un établiffement coûteux. Mais la petite galerie qui traverfe le
deffous de fon foyer, la lunette qui lui fert de foufflet, & l'avantage de ne
confommer pour fon feu que des bruyeres, chaumes, ou autres matieres de
bas prix, me paroiffent (N°. 37.) autant de perfections qui manquent aux
fours à Chaux précédents. Je n'ai point vû de fours de cette conftruction,
ni n'ai pu découvrir où ils exiftent; cependant comme la conduite de leur feu
eft néceffaire à connoître relativement aux matieres que l'on y brûle, je joins
aux Figures de ce Mémoire le deffein extrait de l'Encyclopédie, (*Fig.* 20,
21, 22, 23,) & fon explication.

DES FOURS A CHAUX CUBIQUES.
FOURS A CHAUX D'ALSACE.
Leur Conftruction.

59. LES fours à Chaux en Alface font communément de forme cubique.
Les grands ont intérieurement 12 pieds en tout fens (*Fig.* 24, 25, 26, 27).
Le fond ou fol du four eft maçonné d'un pied d'épaiffeur fur bon terrain.
Tout le vuide eft entouré d'une maçonnerie de 6 pieds d'épais, à moins qu'il
ne foit adoffé contre des terres vierges, ou tout entier creufé dans la terre
comme les précédents; auquel cas il fuffit de revêtir le terrain s'il en a befoin,

& fur une épaiffeur proportionnée à fa ténacité plus ou moins forte.

60. Un Four de ces dimenfions doit avoir deux gueules ou galeries d'en-trée *A* voûtées, de 4 pieds de hauteur & de 2 ½ de large, féparées l'une de l'au-tre par un maffif *E*, de 4 ¹ pieds d'épaiffeur. Il eft effentiel de donner à ces petites galeries au moins 6 pieds de longueur, pour que l'air qui doit en-tretenir le feu ait de la chaffe ou du courant.

61. Dans l'intérieur du four, on éleve fur toute l'étendue du fol, excepté fur le prolongement des deux galeries de gueules, une banquette *H*, d'un pied & demi de hauteur, parce que les pierres pofées fur le fol ne fe calci-neroient pas. Toutes ces maçonneries, tant de la banquette & du fol que des parois du four font en mortier d'argille.

62. Sur cette banquette, on continue dans tout le travers du four les deux galeries de gueules, en arrangeant bien à plomb & jointives les pierres à Chaux qui en forment les pieds-droits : on termine le fommet de ces pieds-droits plus haut de fix pouces vers le derriere du four qu'auprès des gueules, afin d'avoir des voûtes un peu rampantes, & que le feu fe porte aifément vers le côté oppofé à l'entrée. Les voûtes fe travaillent & fe ferment comme aux fours à Chaux de Metz (N°. 24.), en donnant de la faillie aux pierres que l'on pofe fur leur plat ; on les fait du même cintre que les galeries de gueules. On arrange avec attention tout le remplage à côté des berceaux, & jufqu'à 2 ou 3 pieds au-deffus des voûtes ; après quoi on y jette indifféremment toutes les pierres à la brouette jufqu'au fommet du four. Toutes ces pierres arrangées doivent être au plus d'un demi-pied cube, mais de moindre volume au-deffus ; & le couronnement, fur un pied & demi de hauteur, ne doit être formé que d'éclats de la groffeur du poing.

63. Lorfque ce four eft rempli à 4 ou 5 pouces près de fon fommet, on l'arrafe avec des pierres plates bien jointives, en forte qu'il y refte le moins de jour poffible. On y étend alors légérement un lit de paille ou de rofeaux, que l'on recouvre d'une couche de mortier d'argille d'un pouce d'épaiffeur, que la paille empêche de s'infinuer entre les joints.

Comme il n'y a point ici de creneaux (N°. 28) ni rien qui en faffe l'office, le feu ne s'allumeroit pas dans ce four fi le fommet en demeuroit exactement fermé ; mais cette couche d'argille fe gerce en féchant, & les crevaffes qui s'y forment, & que l'on ne répare pas, fuffifent à l'évaporation de la fumée, & au tirage indifpenfable de l'air.

Du feu de ces Fours.

64. Pour faire fuer ce four, on allume un feu de 5 ou 6 bûches à chaque gueule, de façon que le bois fous les berceaux d'entrée ne foit pas à plus de

3 pieds

3 pieds de l'extérieur du four. Lorfqu'elles font bien enflammées, c'eft-à-dire, au bout d'un quart d'heure, on y jette 5 ou 6 autres bûches, 1 ou 2 pieds plus avant fous les voûtes: un autre quart d'heure après, on fait encore de même, & pour lors le bois fe trouve fous la pierre à calciner. La même manœuvre fe continue de forte qu'en une heure on confomme trois quarts de corde de bois pour les deux gueules. En 6 heures, le bois parvient vers le milieu des voûtes; & en 12 heures, tout au fond, avec pareille confommation de bois d'heure en heure.

65. On foutient ce même feu pendant 42 heures en total pour la calcination fi le temps eft calme. Lorfque le vent fouffle modérément fur les gueules du four, l'opération fe fait en 36 heures: s'il s'y porte impétueufement, le derriere du four fera bien calciné, & fur le devant il y aura du déchet, qui va quelquefois jufqu'à une demi-toife cube & davantage. On doit donc chercher à orienter ces fours, qui n'ont pas d'abri-vents, de façon que leurs gueules fe préfentent au côté de l'horifon d'où communément il vient dans le pays le moins de vents violents.

Confommation du bois pour ce Four.

66. Si le feu dure 36 heures, on y confomme 25 à 26 cordes de bois: s'il dure 42 heures, il en faut jufqu'à 30 cordes.

67. Lorfqu'aux fignes indiqués ci-devant (N⁰ˢ. 43, 44) on juge la calcination achevée, on ferme totalement les deux gueules du four avec des bûches bien arrangées. On les y laiffe fe confumer pendant 4 heures, après quoi on retire avec des rolles ou rables de fer toute la braife du four que l'on éteint, pour laiffer refroidir la Chaux plus vîte: douze heures après, on la défourne par les gueules.

Temps néceffaire pour une fournée.

68. Pour manœuvrer un tel four, il faut un Chaufournier aidé de 4 hommes: dans un travail conduit avec vigueur, ils chargent le four en 24 heures; & en 36 ils le déchargent. Chaque fournée peut aifément fe faire en une femaine de fix jours & deux nuits de travail: fi l'on étoit preffé, il ne faudroit que 4 jours & 4 nuits.

Déchet fur ces Fournées.

69. Un Four cubique de 12 pieds contient 6 ¼ toifes cubes de pierres ou 1458 pieds cubes, & rend ordinairement 1400 pieds cubes de Chaux, le déchet déduit, pour lefquels il s'emploie 8 toifes cubes de moëllons des carrieres (N⁰. 49). Il paroît donc que la pierre à Chaux d'Alface rend un peu plus en Chaux que celle de Lorraine: mais fa fabrication confomme beaucoup

plus de bois, puisqu'il s'en emploie au moins 4 ½ cordes pour chaque toise cube de Chaux d'Alsace, au lieu de trois cordes pour celle de Lorraine, (N°. 52). J'attribuerois cette différence à la forme plus pyrotechnique des fours de la première espece, qui, avec une égale quantité de bois sous une même masse de pierres, doit procurer un degré de chaleur plus violent.

Fours à double usage en Alsace.

70. On fait cependant en Alsace un usage de ces derniers fours auquel ceux de la première espece paroissent moins propres: on y fait cuire la brique & la tuile pour les bâtiments en même temps que l'on y fait la Chaux. Voici la copie presqu'entiere d'un Mémoire dressé sur ces fours à double usage, par M. Artus, Ingénieur ordinaire du Roi, & qui m'a été envoyé par M. Lambert, Maréchal de Camp, Directeur des Fortifications en Alsace *.

71. « Il est essentiel de choisir pour l'établissement du four un endroit un
» peu élevé, hors de danger des inondations (du Rhin), à portée de la pierre
» qui y est propre, des bois nécessaires pour la calciner, & des lieux où l'on
» trouve le débit de sa marchandise. Le four à Chaux seroit d'un revenu fort
» modique si l'on se bornoit à y faire de la Chaux : il n'en coûteroit pas moins
» de bois pour une fournée, & l'on ne pourroit y faire que très-peu de
» Chaux de plus à la fois, parce que la pierre du sommet du four seroit en-
» core pierre lorsque celle près le fourneau seroit déja calcinée. Il est donc
» à propos que l'établissement se fasse encore à portée d'une terre convena-
» ble à former de la brique ou de la tuile, que l'on peut également faire cuire
» à ce four.

72. » On distingue au Fort-Louis du Rhin & dans les environs, de la pierre
» de trois especes propres à faire de la Chaux. La meilleure est dure, pesante
» & grisâtre : elle tient de la nature de la pierre-à-fusil, & produit des étin-
» celles par le choc. On la tire des carrieres de Marienthal; elle revient au-
» près du Fort-Louis à 50 liv. la toise cube: celle des environs d'Ebers-
» bourg seroit beaucoup plus chere, & celle de Pickelberg est fort infé-
» rieure aux deux autres.

Charge de ce Four.

73. » On forme dans le four avec ces pierres une maçonnerie seche, en
» observant que les plus gros massifs soient d'environ 15 pouces sur chaque
» face. On construit, en les arrangeant, trois fourneaux semblables entre eux

---

* Il a été dit dans l'Art du Tuilier, qu'on fai- | volume en se cuisant & s'attendrissant, elle s'écra-
soit souvent de la tuile & de la brique en même | soit sous le poids de la tuile qui souvent étoit brisée
temps dans le même four où l'on cuit de la | ou prenoit une forme irréguliere.
Chaux; mais que la pierre à Chaux diminuant de |

» qui répondent aux trois gueules *A*, *B*, *C*, (*Fig.* 28, 29,) chacun de 4 ½ pieds
» de hauteur & 2 pieds de large, & l'on ne met des pierres que fur 18 pouces
» de hauteur au-deſſus des fourneaux; enſorte que dans ce four, il n'y en
» a que 6 pieds au-deſſus du fol. Le dernier lit doit être bien horifontal &
» bien uni, pour recevoir les briques que l'on y poſe ſur leur champ & croi-
» ſées les unes ſur les autres. On laiſſe entre les briques un eſpace de ſix
» lignes, pour donner au feu la facilité de monter juſqu'au haut du four,
» dont on remplit toute la capacité.

Du feu de ce Four.

74. » La réuſſite de ce four dépend d'y donner le feu avec précaution
» (*N°.* 64.); il doit durer ſept jours conſécutifs. Le ſeul maître Chaufournier,
» avec un Aide pour le relever, peut conduire ce feu, qui pendant les 24
» premieres heures ſe fait avec de vieux bois de chêne qui produit beaucoup
» de fumée: enſuite on pouſſe doucement le feu à un degré plus vif. On l'en-
» tretient dans ſa grande force cinq jours de ſuite avec de jeune bois de chêne,
» & on finit par un feu clair de bois réſineux pour donner à la marchandiſe
» ſa derniere perfection.

75. » Lorſque le four eſt refroidi, ce qui arrive après 13 ou 14 jours du mo-
» ment où l'on y a mis le feu, on en retire les matieres pour les mettre en
» magaſin. Les galeries ou retraites *D* ſervent à dépoſer la brique ou la tuile,
» ainſi que la voûte *E* que l'on a ſoin de murer exactement ſur 18 pouces
» d'épaiſſeur lorſque les matieres ſont arrangées dans le four. L'eſpace *F* com-
» pris entre le four & la charpente qui ſoutient le toît procure aux Ouvriers
» la facilité de travailler à couvert. On conſerve la Chaux dans des trous
» faits exprès, ou dans d'autres magazins.

76. » On travaille ordinairement à ces fours depuis le commencement de
» Mars juſqu'à la fin d'Octobre: un Chaufournier entendu peut dans cet in-
» tervalle faire 14 fournées. Pendant l'hiver, il ſe procure les matieres, &
» fait faire toute la brique & la tuile qu'il prévoit pouvoir débiter en un an:
» plus ces matériaux ſont ſecs quand on les met au four, & mieux ils cuiſent.

Dépenſe d'une fournée.

77. » Un four des dimenſions de celui-ci contient 6 ½ toiſes cubes de pier-
» res à Chaux, qui à 50 liv. la toiſe en 1764 ont coûté . . 337 liv. 10 ſ.
» On y fait cuire 30 milliers de briques qui avant d'être
» cuites reviennent au Chaufournier à 6 liv. le millier. . . . . 180 liv.
» Il faut pour une fournée 42 cordes de bois, qui à 10 liv.
» au plus cher coûtent . . . . 420 liv.

De l'autre part . . . . 937 liv. 10 f.

» 122 journées de manœuvres pour la charge & décharge
» du four, à 12 fols . . . . 73 liv. 4 f.

L'établissement du four, suivant le détail qu'en a fait M. Artus, coûte 5375 liv. & il peut durer au moins 20 ans moyennant quelques réparations annuelles. Si l'on estime les intérêts de ce capital, avec le produit du terrain de l'attelier, & l'entretien des bâtiments à environ 748 liv. par an pour le plus cher, c'est pour chaque fournée une dépense de . . . . 53 liv. 6 f.

Enforte qu'une fournée reviendroit au plus au Chaufournier à 1064 liv.

» La fournée produit 405 mesures de Chaux, faisant 1398 pieds cubes, à » raison de 60 mesures par toise cube. La mesure se vend 22 fols au sortir » du four, ce qui fait 6 f. 1 d. le pied cube. Les 405 mesures produisent donc » au Chaufournier . . . . 445 liv. 10 f.
» Le millier de briques se vend 30 liv. & les 30 milliers 900 liv.

» Total du produit d'une fournée . . . . 1345 liv. 10 f.
Dépense . . . . 1064 liv.

Profit du Chaufournier par fournée . . . . 281 liv. 10 f.

Et pour les 14 fournées par an . . . . 3941 liv.

Discussion des avantages de ce Four.

78. Pour examiner les avantages de ce four à double usage, si l'on considere que les 100 milliers de briques du Havre (*Art du Tuilier*) font un cube de matiere à peu-près égal à 21 toises cubes de pierres à Chaux, & se cuisent avec 18 cordes de bois, tandis que 21 toises cubes de pierres ne peuvent se calciner (No. 69) avec moins de 63 cordes; il est aisé de juger en général que la conversion de la pierre en Chaux consomme beaucoup plus de bois que la fabrication de la brique, relativement à la masse de ces diverses matieres. Nous voyons aussi d'une part que dans le four à briques du Havre, dont l'intérieur est un cube de 5415 pieds, il se consume peut-être jusqu'à 12 cordes de bois & plus en 24 heures, tandis que l'intérieur de celui du Fort-Louis pareillement cubique & de 5508 pieds ne consomme que 8 cordes de bois tout au plus en 24 heures lorsque le feu y est dans toute sa vivacité. Delà il est fort vraisemblable que le feu des fours à briques du Havre est plus violent pendant sa courte durée en une masse un peu moindre, au lieu que le feu des fours à Chaux du Fort-Louis dure plus long-temps. Nous avons encore d'autre part le cube des premiers fours à Chaux d'Alsace, contenant
seulement

feulement 1728 pieds cubes cubes, chauffé par 18 cordes de bois en 24 heures (N°s. 64, 65) Tout cela nous prouve fuffifamment que pour la calcination de la pierre il faut un feu de bois ou plus ardent ou plus long-temps entretenu que pour opérer la cuiffon de la brique. Il ne feroit donc pas étonnant que, par quelque méchanifme bien entendu, une partie de la chaleur d'un four à Chaux à grande flamme infuffifante à la calcination, fût mife à profit pour faire cuire des briques, comme M. Artus l'a penfé. Mais fi ce fecond effet du même feu n'étoit dû qu'à une augmentation de bois qui lui fût proportionné, le profit s'évanouiroit.

79. La brique d'Alface dont il s'agit ici, a pour dimenfions 12 pouces de longueur, 6 de largeur, & 2 ½ d'épaiffeur. Si nous la comparons avec celle en ufage dans l'intérieur du Royaume de 8, 4, & 2 pouces de dimenfions, nous trouvons que leurs maffes font entre elles :: 180 : 64 :: 2, 8125 : 1; enforte que, relativement à leur volume, lorfque la brique du Havre revient à 3 liv. 10 fols le mille avant d'être cuite, celle d'Alface pourroit coûter jufqu'à 9 liv. 17 fols, au lieu que le millier ne revient au Chaufournier du Fort-Louis qu'à 6 liv. parce que les prix de toute main-d'œuvre font beaucoup moindres en Alface, où les hommes ne font pas fi rares que fur nos Côtes.

Pour la cuiffon de 30 milliers de briques dans les fours du Havre, il ne faut, comme nous l'apprend M. Gallon, que), 4 cordes de bois. Si des 42 cordes qui s'en brûlent (N°. 77) en une fournée du Fort-Louis on retranche les 28 cordes fuppofées néceffaires (N°. 69) à la calcination de 6 ¼ toifes cubes de pierres dans un four de cette forme, il refte encore 14 cordes de bois employées à la cuiffon de la brique; & cette quantité de 14 cordes fe trouve à peu-près celle que l'on emploie au Havre pour une maffe égale de briques, puifque 1 : 5, 4 :: 2, 8125 : 15, 1875.

80. Je ne croirois donc pas qu'il y eût aucune œconomie à employer le four à double ufage du Fort-Louis. Mais il paroît que relativement aux prix des bois, des journées d'ouvriers & du tranfport, le mille de briques d'Alface pris au pied des fours du Fort-Louis ne pourroit être vendu moins de 23 liv. lorfque le mille de celles de Normandie ne coûte rendu au Havre que 11 liv. 10 fols. J'en dis autant de Huningue & de Landau, où je fçais qu'en 1747 on payoit 27 & 30 liv. le millier de briques à peu-près de même échantillon que celles du Fort-Louis du Rhin.

Chaufournier.   H

SECOND GENRE DES FOURS A CHAUX;
FOURS A PETIT FEU.

81. La calcination de la pierre s'opere également au moyen d'un petit feu par couches répétées, & alternativement entremêlées avec les pierres ; ce qui pourroit ne pas exiger l'appareil de la conftruction d'un four, puifque nous voyons cuire des briques à petit feu (*Art du Tuilier*) en les arrangeant en plein air: auffi verrons-nous ailleurs que l'on peut en ufer de même pour faire la Chaux. Mais par quelques-uns des fours ufités pour cette feconde mé-thode, on eft parvenu à une économie confidérable fur la dépenfe du feu dans les Provinces où le bois eft cher, fur la pierre à calciner, & même fur le temps néceffaire à fa calcination.

82. Le fyftême le plus commun de l'intérieur de ces fours du fecond genre eft une pyramide renverfée, ou l'équivalent: la plûpart de ceux dans lefquels on ne brûle que de la houille, font circulaires, foit en cône tronqué, foit en demi-ellipfoïde alongée: on en fait auffi de pyramidaux quarrés, où le feu fe fait avec du bois ou des tourbes, & de cylindriques où l'on emploie le charbon de bois ou la houille.

83. La Chaux du Boulonnois, qui fe fait principalement à Landrethun près Marquife & Guines entre Calais & Boulogne; & la Chaux de Tournay, qui fe fabrique au bord de l'Efcaut près Antoing à la droite de notre champ de bataille de Fontenoy, font les meilleures efpeces de notre frontiere au Nord après la *Chaux âpre* de Lorraine. On les fabrique l'une & l'autre au feu de houille, les mines de houille ne fe trouvant pas éloignées des carrieres d'An-toing & de Landrethun, où les bois font rares & de haut prix.

FOURS EN CÔNE RENVERSÉ.
Fours à Chaux de Flandre.

84. Tous les fours à Chaux font femblables fur la baffe Meufe, l'Efcaut, la Scarpe, la Lys, dans la Flandre Maritime & le Boulonnois: ils ne different que par leur grandeur & quelques acceffoires, à l'exception de ceux de Tour-nay, dont je parlerai en particulier. On fait aux mêmes fours dans toute cette étendue de pays de la Chaux de pierres dures, emmarbrées quand on peut fe les procurer, & de la Chaux de pierres blanches & tendres qui s'y trou-vent prefque par-tout. Ce font encore les mêmes fours qui font en ufage à Vichi, à Lyon (*Acad.* 1761. *p.* 185.) en Dauphiné, & en plufieurs autres Provinces de France.

Dimenfions & conftruction de ces Fours.

85. L'E vuide ou intérieur de ces fours eft un entonnoir : en Flandre on lui donne 20 à 28 pouces de diametre par le bas (*Fig.* 31, 34, 39.) : le diametre augmente de 4 à 9 pouces par pied de hauteur du four, jufqu'à ce que l'axe ait acquis une hauteur proportionnée à l'exploitation qu'on fe propofe : un petit four s'éleve jufqu'à 7 ou 8 pieds de hauteur, & peut avoir au fommet cinq à fix pieds de diametre; au lieu qu'un grand s'éleve jufqu'à 15 & 16 pieds, & aura au fommet de 8 à 12 pieds de largeur d'orifice. Ailleurs on leur donne par le bas jufqu'à près de 50 pouces de diametre. On fait donc de ces fours à Chaux qui ne contiennent qu'environ 75 pieds cubes de matiere à la fois pour des particuliers qui veulent bâtir, & d'autres qui en contiennent jufqu'à 600 pieds. On joint auffi plufieurs de ces derniers enfemble pour les entreprifes de grande confommation.

86. Les proportions de tous ces grands & petits fours ne paroiffent déterminées que par le caprice & les idées particulieres à chaque Chaufournier, ou même au maçon qui les conftruit. Le plus ou le moins de talus à donner au pourtour de l'entonnoir depuis 2 jufqu'à 4 ½ pouces par pied de hauteur, dépend uniquement, dit le maçon, de la folidité plus ou moins grande du terrain fur lequel on établit le four. Il faut plus de talus fi le fond n'eft pas ferme; fi les côtés étoient moins inclinés que d'un fixieme de leur hauteur, la maffe de pierre dont le four fera rempli tomberoit trop promptement au fond, & y formeroit un poids capable d'ébranler l'édifice. Si le four, felon les Chaufourniers, eft trop évafé, le feu ne peut en atteindre les bords. Il y a lieu de croire que ces diverfes prétentions ne font pas fans fondement, & que l'opération du feu de ce four n'exigeant pas une grande précifion dans fon dégré de chaleur, on peut effectivement admettre une certaine latitude dans le meilleur module de fes proportions, comme nous le verrons par les détails. Mais par-tout l'Art du Chaufournier m'a paru n'avoir été éclairé jufqu'à préfent d'autres lumieres que de la tradition locale des gens groffiers qui le pratiquent.

87. Le cône renverfé du four B C, (*Fig.* 34.) eft porté fur un foyer cylindrique G du même diametre de 20 à 28 pouces, & de 18 de hauteur, qui fert tout à la fois de cendrier, de décharge & de foufflet pour le four. On pratique à ce foyer 1, 2, 3, ou 4 gueules F, (*Fig.* 33 34, & 35.) felon la grandeur du four, chacune de 15 à 16 pouces de hauteur, & de 12 ou 13 de large, pour pouvoir y faire paffer aifément une pelle de fer de l'efpece de celles que l'on appelle *efcoupes*: chaque gueule eft cintrée par fon fommet de deux pouces (*Fig.* 37.) fur une barre de fer i de 25 lignes de largeur & 4 à 5 lignes d'épaiffeur qui en fupporte les claveaux, & chacune eft encore

traversée à la naissance de son cintre par une seconde barre *e* semblable &
droite, le tout bien scéllé dans la maçonnerie. On scelle aussi une autre barre
plus forte E à l'orifice inférieur de l'entonnoir (*Fig. 35.*), & à peu-près suivant son diamétre, sur laquelle, comme sur les barres horisontales des gueules,
le Chaufournier fait porter les extrémités d'autres barreaux volants *f* pour y
former un grillage quand il en est besoin.

88. La manœuvre très-fréquente de charger ce four exige à son sommet
une plate-forme P (*Fig. 33.*) tout autour de l'entonnoir, & plus grande à
proportion que le four est plus élevé. Il ne la faut pas moindre que de largeur
égale au diamétre supérieur du four ; si le four est d'environ 12 pieds de large,
l'édifice total se trouvera de 35 pieds de diamétre sur 15 à 16 pieds d'élévation, ce qui demande de la solidité dans la bâtisse. Il y faut donc ou de bons
revêtements R (*Fig. 34.*) tout autour pour soutenir la poussée des terres de
la plate-forme & de toute la pierre à Chaux que l'on y amasse, ou construire
le tout en maçonnerie pleine, ou choisir, quand on le peut, son emplacement
contre un tertre, ou enfin enfoncer le four entier dans les terres, comme nous
l'avons vu aux fours du premier genre. Dans tous ces cas, il faut pratiquer au
bas des grands fours quelques galeries suffisamment éclairées, tant pour arriver aux gueules du four, que pour y déposer la Chaux bien à couvert à mesure qu'on la défourne. Pour monter sur la plate-forme, il faut y former une
rampe douce A (*Fig. 33*) par laquelle les Journaliers puissent continuellement rouler les matieres à la brouette.

89. Si le cône est construit avec des briques, qui sont certainement l'espèce
de matériaux qui y convient le mieux, sa maçonnerie est suffisante avec 8
pouces d'épaisseur. Il y faut cependant plusieurs contre-forts pour qu'il ne
fléchisse pas en cas que les terres rapportées fassent quelque mouvement. Du
reste, ces sortes d'édifices n'ont rien de particulier, dont les desseins ne puissent faire entendre les détails.

90. Un petit four de cette espèce creusé dans la terre & revêtu de briques
ne peut nulle part être cher à construire : mais un grand, élevé en rase campagne, peut coûter dans la Flandre Maritime jusqu'à 15 & 16 cents livres :
deux ou trois grands accolés iroient à 1000 ou 1200 liv. chacun, le tout à
proportion du prix des journées d'ouvriers & de la brique qui s'y vend jusqu'à douze livres le mille.

Charge de ce Four en pierres dures.

91. POUR charger ce four, le Chaufournier, après avoir formé à l'orifice
inférieur de l'entonnoir le grillage de barreaux volants, (*N°. 87*), y descend
& y

& y arrange trois ou quatre braſſées de bois bien ſec, qu'il recouvre d'un lit de 3 ou 4 pouces de houille en morceaux gros comme le poing.

92. Sɪ la houille deſtinée pour ce four eſt en pouſſiere, & que la pierre à calciner ſoit dure, toute la pierre doit avoir été réduite en morceaux de la groſſeur du poing tout au plus. On en a tranſporté ſur la plate-forme un amas ſuffiſant pour la charge complete du four, ainſi qu'une quantité proportionnée de houille. Alors le Chaufournier reçoit un panier rempli de ces pierres que deux ſervants lui deſcendent, au moyen d'une corde, & jette les pierres ſur le lit de houille, puis un autre ſemblable panier : il range groſſiérement ces pierres, le plus ſouvent avec ſon pied ſans ſe baiſſer, enſorte qu'elles recouvrent toute la houille. Sur ce lit de pierres, qui s'appelle *une charge*, & qui peut avoir 3 à 4 pouces au plus d'épaiſſeur, il étend un lit de houille, ou *une charbonnée*, en vuidant un panier qu'on lui deſcend, comme ceux de pierres. Le Pouſſier par ſon choc en tombant s'inſinue dans les joints des pierres, & les recouvre entiérement. Le Chaufournier répete la même manœuvre des charges & charbonnées alternatives, juſqu'à ce que le four ſoit totalement rempli. Il obſerve ſeulement de faire les charges un peu plus épaiſſes, à meſure qu'elles s'élevent, & ſur-tout vers l'axe du four où le feu eſt ſouvent le plus actif. Ces charges forment donc ordinairement une eſpece de calotte, & peuvent avoir vers le ſommet du four 7 à 8 pouces d'épaiſſeur autour de l'axe, au lieu de 5 à 6 pouces près les bords de l'entonnoir. Pour le ſervir diligemment, il y a 8 ou 10 manœuvres munis de deux douzaines de *mannes* ou paniers qu'ils rempliſſent de pierres ſur la plate-forme, & qu'ils vuident ſucceſſivement dans celui que l'on deſcend au fond du four ; ainſi que la houille quand le Chaufournier le demande. Il faut une heure pour arranger dans le four environ 72 pieds cubes de cette menue pierre.

93. Les mêmes Journaliers ſont occupés à briſer le moëllon avec des marteaux, lorſqu'ils ne ſervent pas à la charge du four ou des voitures qui viennent chercher la chaux. Ce n'eſt pas que de plus groſſes pierres ne ſe calcinent également bien au feu de houille, comme on le pratique quelquefois à portée des carrières & des mines ; mais l'éloignement de l'une & de l'autre apporte néceſſairement des changements dans la manipulation de cet attelier (c'eſt ce que j'ai remarqué à 10 lieues de Landrethun, d'où l'on tire la pierre & la houille à grands frais pour les Fours à chaux de MM. Thiéry, Entrepreneurs des ouvrages du Roi, & Négocians à Dunkerque, qui m'ont fourni pluſieurs bonnes remarques aſſurées ſur leur longue & intelligente pratique, & m'ont procuré toutes ſortes de facilités à leurs Fours pour mes épreuves.) La houille doit être diſtribuée dans le Four par couche, d'une

épaiſſeur proportionnée à ſon degré de bonté & à la maſſe des morceaux de pierre. Si les pierres ne ſont pour la plûpart à peu-près égales, les plus groſſes ne ſeront pas encore pénétréés de feu, lorſque les moindres ſeront déjà calcinées : il faudroit donc obſerver dans les charbonnées de donner plus de houille à celles-là qu'à celles-ci ; ce qui, outre la grande ſujétion, produiroit ſouvent de l'inégalité dans la calcination, beaucoup de *Noyaux*, que les Chaufourniers appellent auſſi *Rigaus* & *Marrons* dans les groſſes pierres, & conſommeroit beaucoup de houille inutile autour des petites. Or quand la pierre eſt chère, on ne laiſſe perdre ni les éclats des moëllons ni les recoupes de la taille, & il ſe rencontre néceſſairement beaucoup de menus morceaux dans la pierre à calciner. Pour qu'il y ait plus d'uniformité dans le total, il convient donc de briſer les moëllons, & de n'admettre dans le Four que des morceaux de pierres au-deſſous de 20 pouces cubes.

94. D'ailleurs la houille que l'on tire de loin, n'eſt pas toujours de la meilleure, ſur-tout ſi elle vient de houilliéres, qui n'aient pas un grand débit. Comme alors il s'y en trouve ſouvent d'anciennement tirée de la mine, & par conſéquent éventée ou fort affoiblie, les Débitants ne manquent guère à la mêler avec la nouvelle, & l'envoient ainſi détériorée à ceux qui ne ſont pas à portée d'y veiller. Il faut en employant cette houille, faire les charges de pierres plus minces ; la menue pierraille y convient mieux. Quand on a la houille dans toute ſa force, & mélée de morceaux avec le pouſſier, comme à Tournay, Valenciennes, &c. on peut épargner une partie des frais de la débiter ſi menu : la groſſe houille donne un feu plus vif, parce qu'elle s'évente moins à l'air, & eſt plus chère à poids égal. Mais on a remarqué par-tout que les moëllons angulaires & minces, au moins par un côté, ſous la forme irréguliere d'un coin, en un mot, ce que l'on appelle *des éclats*, ſe calcinent mieux que ceux de forme cubique ou arrondis qui ne réuſſiſſent pas dans les Fours.

95. On fait auſſi plus minces les charges du fond du Four, parce qu'il faut au commencement de l'opération plus de feu pour faire ſuer & recuire le Four, ſur-tout s'il eſt récemment conſtruit ; & malgré cette augmentation de feu, le pied du Four fournit ordinairement quelques mannes de pierres mal calcinées.

Du feu de ce Four, & de ſa conduite.

96. Il n'eſt pas indifférent de mettre le feu au four lorſqu'il n'eſt chargé qu'en partie, ou d'attendre qu'il le ſoit totalement. Si dans ce dernier cas le feu par quelqu'accident ne prenoit pas bien & s'éteignoit, il faudroit décharger tout le four, & perdre un temps conſidérable de tous les journaliers :

ainfi la prudence exige de l'allumer lorfque le bois (N°. 91) eft recouvert feulement de deux à trois pieds de hauteur par les charges. Pour l'allumer , on jette dans le cendrier une botte de paille que l'on y charge de quelques morceaux de bois fec : on obferve de choifir celle des gueules fur laquelle le vent foufle le plus directement. Si le vent étoit trop violent on boucheroit celles des autres gueules par lefquelles la flamme fortiroit du cendrier. En quelques minutes, le bois qui eft fur le grillage fe trouve enflammé. Lorfqu'il l'eft fuffifamment, & que la fumée commence à fortir par le fom. met du four, on bouche toutes les gueules avec des pierres & de la terre ou des gazons, afin que le feu ne s'élève pas trop vîte , & c'eft alors que l'on continue les charges jufqu'au fommet du four.

97. Il feroit fans comparaifon plus commode au Chaufournier, que ces gueules fuffent garnies chacune d'une porte de tôle. Il eft fouvent néceffaire de les ouvrir ou fermer pour bien conduire le feu, & rendre la calcination égale dans toutes les parties du four : mais comme il faut du temps , & quelques peines pour arranger & déplacer cet amas de pierres & de gazons, dont on fe fert ordinairement, les Ouvriers conviennent qu'ils fe les épargnent quelquefois mal à propos ; au lieu que des portes de fer avec regiftres, comme à nos poèles d'appartements, leur donneroient le moyen de gouverner le feu avec la plus grande facilité. J'en ai fait faire de telles en faveur d'un vieux Chaufournier Praticien de 40 ans, qui m'en a remercié pendant plufieurs mois, comme d'un grand préfent.

98. Les gueules par lefquelles on tire toute la chaux du four, à mefure qu'elle eft faite, font fujettes à de fréquentes dégradations. Leur cintre qui n'eft porté que fur une feule barre , fe brife à force d'être heurté par le manche d'une pelle que l'on enfonce dans la chaux, comme un levier pour la faire tomber dans le cendrier : leurs pieds-droits s'écornent & fe détruifent par les coups fréquents de la même pelle qui ramaffe la chaux. Il faudroit dans le cas d'une exploitation fuivie plufieurs années, que les gueules fuffent garnies d'un chaffis de fer, qui en les défendant ferviroit de battée à la porte de tôle.

99. Il ne fuffit pas toujours pour opérer l'égalité du feu dans tout le cercle du four, de bien ménager le courant de l'air ou tirage par le cendrier. Il fe rencontre dans le maffif des pierres, fur-tout auprès des parois du four, des endroits où le feu ne pénétre pas comme ailleurs ; ce qui vient en partie de ce que la pierre, en tombant des mannes, fe trouve plus entaffée dans quelques points que dans d'autres, & moins garnie de houille dans fes joints. Ces endroits font remarquables à la furface du four par la couleur des pierres, qui ne font pas imprégnées de fuie, comme celles fous lefquelles le feu a

fait plus de progrès. Il faut y donner un peu de jour, pour que le feu s'y
porte davantage (No. 41.) C'est à quoi sert la *Lance* (*Fig.* 36.) Le Chaufournier dresse la lance sur sa pointe , & en l'agitant la fait entrer & pénétrer à travers les pierres de toute sa longueur : il la retire & la replonge
plusieurs fois de suite dans le même trou, pour y former un petit canal , &
en pratique plusieurs semblables dans le voisinage , s'il le juge nécessaire. Il
n'en faut pas davantage pour déterminer le feu vers ces parties , & rétablir
l'égalité. (No. 41) Ces coups de lances font fort rarement nécessaires ailleurs
qu'auprès des parois de l'entonnoir , & m'ont fait juger que les fours moins
évasés font plus favorables , que ceux qui le font davantage , (No. 86) dans
ces premiers le feu devant atteindre plus aisément toute la circonférence.

100. Lorsque le feu approche du haut du four , il faut en garantir l'orifice par des abri-vents de planches de 4 à 5 pieds de hauteur pour les petits fours, & un peu plus élevés pour les grands. On les dresse entre quelques piquets ; on les change de place , selon que le vent tourne , & on les
abat chaque fois qu'il faut recharger le four. Il n'y a pas d'autre opération
à faire à ce four, jusqu'à ce que le feu soit parvenu à l'orifice supérieur ,
& ait enflammé le dernier lit de houille sous la dernière charge de pierres,
en sorte que l'on en voie la flamme, ce qui arrive le troisième ou quatrième
jour , suivant la grandeur du four, & que le vent a été plus ou moins favorable par sa médiocrité.

De l'extraction de la Chaux , & des recharges du Four.

101. Le feu, à mesure qu'il s'élève, abandonne le bas du four, dont il
a consumé toute la houille , & qui se refroidit totalement. Alors le Chaufournier jette une bonne charbonnée sur la surface de son four, & commence
ensuite à tirer par le cendrier la chaux qui est faite.

102. Il y auroit de l'inconvénient à déranger le pied du four avant que
le feu fût arrivé jusqu'au sommet, la chûte ou l'affaissement des pierres seroit
pénétrer & tomber entre leurs joints les charbonnées du sommet, qui ne
feroient pas encore enflammées : il se trouveroit par-là des espaces de pierres
dépourvus de houille, & d'autres qui en seroient surchargés. C'est par cette
raison qu'il faut jetter une charbonnée avant de tirer la chaux faite : le feu ,
quoiqu'il se montre autour de l'axe à la surface supérieure du four, n'est
ordinairement pas encore si élevé près la circonférence (No. 99) ; il faut y
fournir de la houille pour remplacer celle qui tombera plus bas , pendant le
mouvement que vont faire toutes les pierres dont le four est chargé.

103. Pour tirer la chaux , le Chaufournier arrache les barreaux volants du
grillage :

grillage : (N°. 91) la chaux tombe auſſi-tôt dans le cendrier ; où ſi elle reſte ſuſpendue dans le four, il l'aide à tomber avec le manche de ſa pelle : (N°. 98) il l'enlève à la pelle par toutes les gueules l'une après l'autre. Ces Ouvriers prétendent que s'ils tiroient la chaux par une ſeule gueule, il n'y auroit qu'un côté du four qui ſe vuideroit de la chaux faite, & que les pierres du four ne s'affaiſſeroient pas également, au lieu qu'en tirant par toutes les gueules, la maſſe entière deſcend uniformément ſans ſe déranger. Ceci me paroît vrai dans les fours de Tournai qui ſont beaucoup plus grands qu'ailleurs, & dont le pied eſt autrement diſpoſé : mais j'ai ſouvent obſervé comment ſe fait cet affaiſſement dans les fours coniques de la Flandre, pendant l'extraction de la chaux : comme l'entonnoir n'a qu'environ 24 pouces d'orifice par le bas, ce ſont toujours les pierres les plus voiſines de ſon axe qui tombent le plus vîte, & ſur un diametre à peu-près égal à cet orifice inférieur, par quelque gueule que l'on décharge le four ; en ſorte qu'il ſe forme toujours à la ſurface ſupérieure un encuvement de 8 à 10 pouces plus profond auprès de l'axe, que vers les bords, ſur un affaiſſement total de 18 pouces réduits : en même-temps toutes les autres pierres de la ſurface voiſine des bords ſe retournent, & font un mouvement comme pour rouler vers l'axe. Cela eſt arrivé de même & devoit être, lorſque j'ai fait tirer la chaux par une ſeule gueule. Leur multiplicité eſt donc utile par la facilité qu'elle donne pour gouverner le feu ſelon les vents, & ſur-tout pour déporter la chaux à couvert, tout autour d'un grand four ; mais une ſeule gueule ſuffiroit pour tirer la chaux.

104. Le Chaufournier continue à tirer la chaux, juſqu'à ce qu'il la voie tomber mêlée de feu : c'eſt à cet indice qu'il reconnoît ordinairement la quantité de chaux faite, qu'il peut enlever de ſon four : le feu ne pourroit par aucun moyen rétrograder vers le bas, (N°. 42) dont toute la houille eſt conſumée & le phlogiſtique diſſipé : la pierre d'en-bas eſt donc ou totalement calcinée, ou hors d'état de l'être mieux à cette place, lorſque le feu l'a abandonnée ; on peut la retirer. Cependant quand il a fait un grand vent & de durée, le feu peut être monté trop rapidement & avoir abandonné le pied du four ſur une ſi grande hauteur, qu'il y auroit de l'inconvénient à en retirer toute la chaux qui ſe trouve refroidie. Alors la pierre qui eſt encore enflammée, s'approchant fort près de l'orifice inférieur où le tirage de l'air froid fait ſon impulſion la plus violente, ſeroit auſſi trop-tôt abandonnée par le feu ; la houille qui l'accompagne ſeroit conſumée trop vîte : le feu continuant à monter rapidement, une grande partie de la pierre ne ſeroit pas bien calcinée, comme il arrive aux premières que l'on tire de ce four. (N°. 95.) Le Chaufournier, qui connoît le produit ordinaire de ſon four & les accidents de l'air,

CHAUFOURNIER. K

n'en retire donc alors·que ce qui leur eft proportionné, & a foin de mouiller fa houille fi le feu va trop vîte.

105. Le vuide que laiffe au fommet du four la chaux tirée par les gueules, fe remplit auffi-tôt par de nouvelles charges & charbonnées ; mais il faut en réparer auparavant la furface inégale. Il y jette d'abord une charbonnée ; puis il enfonce fa lance de quelques pieds le long des parois du four, & en la faififfant par fon œil, il s'en fert comme d'un levier avec lequel il fait effort contre le bord du four pour foulever & retourner les pierres, qui par ce moyen fe rapprochent de l'axe & recomblent l'encuvement qui s'y étoit formé. Ces efforts de la lance exigent un point d'appui folide aux bords de l'entonnoir, qui doit avoir été par cette raifon, couronné de bonnes & fortes pierres, pour n'être pas détruit en peu de jours. Il fait la même manœuvre tout autour, & rejette même vers l'axe avec une pelle les pierres de la bordure, pour reformer le bombage au lieu d'encuvement ; après quoi il répéte la charbonnée & les charges de pierres alternatives jufqu'au fommet du four, comme le premier jour.

106. Lorfque le temps eft calme & par-là très-favorable à l'égalité de la calcination dans toutes les parties du four, le feu s'évafe davantage, & fe déclare encore plutôt aux bords que vers l'axe du four : alors au lieu de bombage, on charge les bords de quelques pouces plus haut que le milieu.

107. Depuis le moment où l'on tire la première chaux, ce font toujours les mêmes mouvements à recommencer, tant que le four refte allumé ; c'eft-à-dire, tant que dure la confommation de la chaux, que l'on fous-tire journellement, à mefure qu'elle fe fabrique, comme on le pratique aux fourneaux où l'on fépare les métaux de leur minéral : auffi les Chaufourniers appellent-ils ces fours à chaux, *Fours coulants*. On voit que l'opération a pour but ici, comme dans les fourneaux à briques que j'ai décrits ailleurs, de faire féjourner un certain degré de chaleur dans chaque partie du four pendant un temps fuffifant ; & qu'il faut que le feu par fon intenfité, ou par fa durée, foit proportionné à la réfiftance de la pierre, qui fe calcine plus ou moins facilement, felon fon volume & fa dureté : que le Chaufournier a fouvent à vaincre les obftacles des vents, de la pluie & même de la houille, qui tendent tous à déranger l'équilibre néceffaire dans fon four. C'eft à quoi font relatifs tous ces procédés, qui font les mêmes, ou à peu-près, pour tous les fours que j'ai vûs de ce genre, & dont je ne détaillerai pas les petites différences.

Du chommage de ces Fours allumés.

108. DANS le cas d'une exploitation ordinaire, on ne travaille à ces fours

à chaux, ni la nuit, ni les Dimanches & Fêtes. On en tire tous les jours la chaux le matin & le soir, & quand le four est rechargé, il n'y a plus rien à y faire. Mais lorsque l'on doit passer un jour entier sans en tirer, il faut disposer le four de façon à empêcher le feu de monter aussi-vîte qu'à l'ordinaire. Cette précaution consiste à jetter au centre de sa surface une charbonnée de 2 ou 3 pouces d'épaisseur & de deux pieds de diametre, que le Chaufournier entasse en la piétinant, quelquefois en la mouillant, & qu'il recouvre d'un lit de même épaisseur, formé des plus menus éclats de pierres : ensuite il ferme toutes les gueules du four. L'ancien Chaufournier, dont j'ai parlé, m'a dit à cette occasion, qu'ayant été obligé quelquefois de suspendre son travail, soit pour attendre de la pierre à chaux ou de la houille, dont il manquoit, soit par quelqu'autre raison, il avoit ralenti son feu au point d'être 12 jours entiers sans toucher au four, & sans autre accident que d'avoir tout au plus quelques pieds cubes de pierres mal calcinées. Il faut alors fermer de même les gueules du four & faire sur le total de sa surface ce que l'on fait seulement autour de l'axe pour le chommage d'un seul jour ; c'est-à-dire, ne laisser subsister pour le feu, que le moins d'évaporation possible sans l'éteindre.

109. Lorsque les barreaux volants du grillage au pied du four ont été une fois enlevés (N°. 103.) pour l'extraction de la chaux, il n'est plus nécessaire de reformer ce grillage, que tous les 8 ou 15 jours pour nettoyer le cendrier : hors ce cas, la chaux porte sur le fond du cendrier sans aucun inconvénient. Quand il faut remettre ces barreaux en place, le Chaufournier les chasse à coups de masse à travers la chaux par une des gueules, jusqu'à ce qu'il les ait assez enfoncés, pour être sûr qu'ils porteront sur la traverse E de l'orifice du four, (N°. 87.) ou jusqu'à ce qu'ils sortent par la gueule opposée; (Fig. 35.) & dès qu'il a nettoyé le cendrier, il arrache de nouveau ces barreaux. Cet usage est meilleur que celui de construire, comme à Valenciennes & ailleurs, un grillage dormant, qui gêne souvent la chûte de la chaux, plie sous le fardeau des pierres, & occasionne des dégradations au four.

De la Cendrée.

110. LE cendrier s'engorge de temps-en-temps par les cendres de la houille qui s'y amassent, sur-tout dans les intervalles entre les gueules, & empêchent la chûte de la chaux. Le Chaufournier met soigneusement ces cendres à part : elles sont mêlées de beaucoup de menus morceaux de chaux, qui avec les sels fixes de la houille les rendent propres à faire un excellent mortier suffisamment connu sous le nom de Cendrée. Comme on ne veut point en perdre, on se sert aux grands fours d'une pelle percée de trous à passer le

bout du doigt pour tirer la chaux du four, & on en fait tomber toute la cendre fur un tas particulier avant de mettre la chaux dans les mannes pour la tranfporter. Cette cendrée eft eftimée pour enduire les cîternes, les caves, &c.
même quoiqu'elle provienne de fours où la chaux faite de pierres blanches
eft de peu de qualité ; au lieu que les cendres des fours à Chaux où l'on brûle
du bois ont été reconnues ne rien valoir dans la bâtiffe. Il fort des fours à la
houille à peu-près une mefure de cendrée contre deux mefures de chaux ; &
elle fe vend en plufieurs Provinces au moins moitié du prix de la chaux.

Des déchets fur la Chaux de ces Fours.

111. Les Chaufourniers domeftiques, qui ne travaillent pas pour vendre la
chaux, ont encore foin de trier au fortir du four tous les morceaux qui contiennent de la pierre non calcinée ; l'habitude la leur fait connoître à l'œil,
& jamais ils ne s'y méprennent au poids. Ils les amaffent auprès du four, les arrofent d'un peu d'eau, & en retirent tous les noyaux pour les remettre au four.
La plupart d'entre-eux rejettent auffi comme déchet les roches du four, qu'ils
appellent la *Chaux brûlée* : je dirai ailleurs ce que c'eft. Dans la Chaux qui fe
vend, on laiffe toutes ces non-valeurs, ainfi que celles dont le Fabriquant même
auroit peine à fe garantir, qui font les veines de boufin, ou autres matières
non-calcinables qui font fouvent mêlées avec la pierre, & qu'il feroit quelquefois trop coûteux d'en vouloir féparer. *

112. Par ce moyen, il n'y a pas de déchet pour les Chaufourniers Marchands
fur la pierre dure qu'ils convertiffent en chaux : la toife de cette pierre leur
rend au moins une toife de chaux en menus morceaux. Le déchet tombe en
entier fur les gens qui l'achetent, & eft proportionné à la bonne foi du Chaufournier qui peut y avoir épargné plus ou moins la houille & fes foins. Quand
on la fait faire fous fes yeux fur les carrieres en choififfant toutes pierres vives & bien nettes, & avec une économie bien entendue, il n'y a non plus aucun déchet : par-tout ailleurs, & en paffant par les mains de Commis, on
doit compter fur une diminution de la pierre que j'eftime d'un vingtieme à
un quinzieme fur toutes les efpeces de pierres dures que j'ai vu calciner.

Du rendage ou produit de ces Fours en Chaux.

113. Lorsqu'un tel four eft bien allumé, que la houille eft égale ou ho-
mogène & de bonne qualité, il peut par un temps favorable produire chaque
jour en chaux de pierre dure jufqu'à la moitié de la pierre dont il eft chargé :
quelquefois fon produit ne va qu'au tiers ; & fi la houille eft de peu de force,
il rend encore moins. Un four de 600 pieds cubes peut donc fournir communément 1620 pieds cubes de chaux par femaine de fix jours de travail,

* Dans quelques provinces ceux qui éteignent la chaux mettent à part les marrons, qu'on déduit au
Chaufournier.

                                               & expédie

& expédie beaucoup plus qu'aucun de ceux à grande flamme (Nos. 48, 69).

114. J'ai remarqué que les fours coniques du pays de Liege dont l'enton-noir a ordinairement 40 à 45 pouces de diamétre par le bas, confomment plus de houille que ceux de la Flandre, & ne rendent par jour, réduction faite, qu'un cinquieme de ce qu'ils contiennent. Cette obfervation jointe à la né-ceffité fréquente de gouverner le tirage ou courant d'air du four (No. 97.) me fait croire qu'ils font mieux conftruits lorfque cet orifice inférieur n'a qu'environ 24 pouces de diamétre.

Des Hommes néceffaires à ces Fours.

115. Un feul Chaufournier avec 12 ou 15 hommes peut conduire à la fois trois de ces plus grands fours, dont il ne fait que les charbonnées, & comman-de toutes les autres manœuvres: mais il faut que la pierre ait été toute brifée, ou qu'il y occupe encore 12 ou 15 enfans; & il lui faut fur chaque four au moins 100 mannes toujours pleines de pierres, pour que rien ne languiffe. Trois hommes fuffifent en tout pour un petit four Bourgeois.

Confommation de la houille pour ces Fours.

116. La proportion réduite entre la pierre dure & la houille néceffaire pour la convertir en Chaux me paroît être de 60 à 65 pieds cubes de houille par toife cube de pierres du toifé des carrieres (No. 49). Malgré l'obfcurité que tous les Chaufourniers tâchent de répandre fur cette confommation, j'ai reconnu que certaines pierres exigeoient jufqu'au tiers de leur cube d'une mê-me houille, dont d'autres pierres ne demandoient qu'un fixieme, quoique ces deux extrêmes m'aient paru rares. Dans les houilliéres du pays de Liege & du Hainault, on diftingue deux qualités de houille, dont la moindre fe nomme *Houille à Chaux & à briques*: mais différentes épreuves me font penfer que la houille la plus active n'eft pas dangereufe au fuccès de la Chaux, com-me elle l'eft dans les fourneaux à briques. Les effais de fa qualité peuvent fe faire d'autant plus fûrement dans chaque province par les Chaufourniers, qu'il me paroît n'y avoir rien à craindre dans ce four de la part d'un excès de feu, comme on le verra plus bas.

De la dépenfe pour fabriquer la Chaux dans ces Fours.

117. Les prix courants en 1765 aux fours à Chaux du Boulonnois font,

Pour une toife cube de pierre tirée de la carriere. . . .	4 liv. 10 f.
Pour la brifer en éclats.	6 liv.
Pour la brouetter au four.	1 liv.

Chaufournier.

L

De l'autre part. . . . . 11 liv. 10 f.
Pour 66 pieds cubes au plus de houille à 7 fols. . . . . 23 liv. 2 f.
Pour la main-d'œuvre de la calcination. . . . . . . 9 liv.

Total pour une toife cube de pierres calcinées. . . . 43 liv. 12 f.

En fuppofant qu'elle ne produisît que 200 pieds cubes de bonne chaux triée, elle reviendroit à 4 fols le pied cube.

Cette chaux fabriquée à Gravelines, Dunkerque & Bergues avec les mêmes matieres y coûte environ 10 fols le pied cube, fans y comprendre la conftruction ou le loyer des fours; & comme les bois n'y font pas au-deffous de 35 liv. la corde, mais fouvent plus chers, elle y reviendroit au moins à 20 fols le pied fi on la fabriquoit à la grande flamme.

Charge & conduite de ces Fours en pierres tendres.

118. Si c'eft en pierres tendres que l'on charge ces fours, on peut en géné-ral les calciner en plus gros morceaux que la pierre dure, & faire les charges plus épaiffes. Il fe rencontre des carrieres dont la pierre, quoique tendre, réfifte beaucoup à la calcination lorfqu'elle eft reftée long-temps à l'air, & fur-tout au foleil (N°. 34). Les Chaufourniers, bien moins curieux de fçavoir fi la chaux n'en feroit pas meilleure que d'y dépenfer moins de houille, ont foin de la mettre au four tout le plutôt qu'ils peuvent après fon extraction de la car-riere; ou bien ils l'arrofent, ainfi que le charbon, s'ils ont été obligés de la laiffer fécher. Ces fours chargés en pierres tendres débitent davantage, con-fomment moins de houille par rapport au volume de la pierre, & exigent moins de monde pour leur fervice.

Leur rendage.

119. Le moins que l'on en tire en 24 heures, va à la moitié de leur charge. J'en ai fuivi quelques-uns qui contenoient chacun 540 pieds cubes, & qui rendoient régulièrement 320 pieds cubes de chaux vive par jour de 12 à 13 heures de travail. On les pouffoit quand on le vouloit à en rendre 400 pieds par jour. Il fuffit pour cela, fi le temps eft favorable, d'en tirer un peu plus par le pied du four à chaque fois qu'on le décharge; (N°. 104.) ou de prolon-ger le travail à environ 15 heures, afin de décharger le four trois fois par jour, au lieu de deux, & il n'en coute pas plus de houille : fi le temps eft pluvieux, ou qu'il faffe beaucoup de vent, il fuffit de faire les charbonnées un peu plus fortes; car il fe confomme plus de houille à tous les fours à chaux par le vent & quand il pleut, que par un temps ferein & calme. On peut pouffer de même le rendage de ces fours en chaux de pierres dures quand on eft preffé.

Leur confommation en houille.

120. La pierre tendre de la Flandre maritime me paroît exiger 40 à 45 pieds cubes de la houille du Boulonnois, par toife cube pour fa calcination. Les différents rapports que j'ai eus du Hainault, font monter cette propor-tion entre 50 & 52 pieds cubes de houille des foffes de Condé, quoique celle-ci foit généralement reconnue beaucoup meilleure & de moindre con-fommation pour les forges que celle du Boulonnois. Mais il eft bon de re-marquer que la pierre tendre diminue dans le four beaucoup plus que la pierre dure : il s'en rencontre que l'on eftime perdre jufqu'à un cinquiéme de fon volume, enforte qu'il ne faut pas beaucoup moins de houille pour fabriquer une toife cube de chaux de pierres tendres, que pour une toife cube de chaux de pierres dures. On eftime même en quelques endroits qu'il faut pour l'une & pour l'autre également un quart de houille, ou 54 pieds par toife de chaux.

Leur nombre d'Ouvriers.

121. L'un des fours de 540 pieds cubes que j'ai fuivis, étoit exploité cha-que année, pendant 8 mois par 3 hommes, y compris le Chaufournier, & ils coupoient toute la pierre avec des marteaux à tranche, en éclats de la lar-geur des deux mains au plus, tout le plus minces qu'ils pouvoient. La carriere fur laquelle étoit le four, étoit exploitée par 4 autres Ouvriers, qui en tiroient au bourriquet, de plus de 30 pieds de profondeur, toute la pierre néceffaire pour le four : ces mêmes quatre Carriers aidoient encore à charger toutes les voitures qui venoient enlever la chaux.

122. On fait quelquefois à ces fours de la chaux de pierres dures & ten-dres mêlées enfemble, & on les fépare au fortir du four ; les Chaufourniers difent que cela ne réuffit pas toujours : il eft aifé de juger qu'il en eft de ces différentes qualités de pierres, comme je l'ai remarqué de celles d'une même efpèce & de différents volumes. (*N°. 93.*)

FOURS A CHAUX EN DEMI-ELLIPSOIDE RENVERSE'.

Fours à Chaux de Tournai.

123. M. Durand, Entrepreneur des ouvrages du Roi à Douay, déjà cité dans l'Art du Briquetier, m'a fait faire à Tournai les obfervations & deffeins, dont j'avois befoin pour bien connoître les fours à chaux de ce canton. J'en fupprime les détails, dont j'ai déjà parlé.

On voit par les deffeins (*Fig.* 40 & 43) que ces fours ont précifément par-dedans la forme d'un gobelet à pied, & moins de talus que les précédents à leurs parois intérieures. Ce défaut de talus, joint à la grande capacité des fours de cet exemple, rend raison & du maffif de maçonnerie *L* qui occupe le milieu du cendrier, & des huit gueules *N* que l'on pratique autour du cendrier : le poids de toute la maffe contenue dans la *chaudière* du four écraferoit une grande partie de la chaux, & rendroit fon extraction fort difficile, s'il n'étoit foutenu par ce dé de maçonnerie, « qui d'ailleurs renvoie la chaux » vers les gueules, à mefure qu'elle tombe » : un four de 22 ½ pieds de diamètre par fon fommet & de plus de 9 ½ pieds par le bas fe vuideroit inégalement (N°. 103) fi l'on ne tiroit la chaux de tous les côtés de fon cendrier : fon grand produit exige beaucoup de gueules & d'efpace au pied pour toutes les manœuvres.

124. « La coupe verticale de ce four, (*Fig.* 43 *&* 45) fait voir que l'on y » place le bois qui fert à l'allumer à 9 ½ pieds au-deffus du feuil des gueules : » tout le deffous eft rempli de pierres, fans mélange de matières combuftibles, » & les huit gueules font alors mafquées par de groffes pierres. Ce bois, qui » avec la paille & la houille en morceaux que l'on y ajoûte, forme un foyer » de 5 à 6 pieds d'épaiffeur, eft recouvert de trois charges de pierres & char- » bonnées, qui s'élèvent de 3 pieds au-deffus du foyer & à travers lefquelles » on ménage deux communications, *A C, B C,* (*Fig.* 45) garnies de paille & de » menus bois pour porter le premier feu dans le foyer. Lorfque le foyer eft en- » flammé, on recomble le vuide des communications avec des pierres & de la » houille ; mais il faut que le Chaufournier veille à ce que le feu ne fe perde » pas par le haut ; il faut qu'il le force à s'étendre également par-tout. Alors, à » mefure & à proportion que le feu s'élève, on continue la charge de la chau- » diere, jufqu'au fommet, par lits de pierres d'environ un pied d'épaiffeur, & » charbonnées mouillées, d'environ un demi-pouce. Il faut ordinairement 48 » heures de feu, avant que l'on puiffe démafquer les gueules. On en retire peu » de pierres le premier jour ; le lendemain davantage, & fucceffivement de » plus en plus, jufqu'à ce que l'on ait tiré toute la pierre qui n'eft pas calci- » née, que l'on rejette fur le four.

125. Le plus grand de ces fours de Tournai, qui contient environ 7450 pieds cubes de matière, « fournit ordinairement par jour 400 mannes de » chaux vive, & 200 de cendrée, de deux pieds cubes chaque manne. Il » confomme, fuivant le rapport des Chaufourniers, environ 260 pieds cubes » de houille par jour : mais comme ces Ouvriers ont intérêt à faire croire leurs » frais plus confidérables qu'ils ne le font réellement, il pourroit y avoir » quelque chofe à rabattre fur cette confommation de houille, que l'on tire » des foffes de Condé en Hainault & de Valenciennes. Cette chaux fe ven-

» doit

» doit aux fours en 1764, 7 fols le pied cube ; la cendrée s'y vend 5 fols, &
» à proportion quand ces matières font mêlées ensemble.

126. Comme je n'ai point fuivi le travail de ces fours, je ne fçais quelles
bonnes raifons on peut avoir d'y élever fi fort le foyer au-deffus des gueules,
& d'y porter le feu par des communications plongeantes du haut vers le bas.
On remarque qu'il faut de l'adreffe & des foins de la part du Chaufournier
pour ne pas fe brûler les bras en allumant le feu, pour le faire defcendre &
l'empêcher de s'échapper : auffi la nature confeille-t-elle de s'y prendre tout
autrement. Toute la main d'œuvre pour l'arrangement des pierres inférieures au
foyer fe trouve perdue, puifqu'elles ne peuvent jamais parvenir à calcination.
Le produit de ce four par 24 heures, ne va pas à un neuvieme de ce qu'il contient, enforte que « tout ce que l'on peut en tirer quand on eft preffé, c'eft
» de le renouveller en huit jours. » Comme la chaux de Tournai eft fort bonne,
M. Durand ne fçait, « fi le long féjour de la pierre dans le feu, ne pour-
» roit pas contribuer à fournir à cette chaux une partie de fes bonnes qualités. »
Mais ce qui peut jetter des foupçons fur la néceffité de toutes ces pratiques,
c'eft qu'en 1758 & 1759, on fabriqua à Dunkerque, pour la reconftruction
des grandes Eclufes, beaucoup de cette même chaux avec la pierre de Tournai dans des fours coniques, qui font bien d'un autre rendage, précifément
de la façon que j'ai décrite pour la chaux du Boulonnois, & qu'elle fut jugée
toute auffi bonne que la chaux faite à Tournai. J'en ai fait faire auffi des effais
mêlés avec la pierre de Landrethun : j'ai trouvé la pierre de Tournai, parfaitement calcinée en deux jours qu'elle avoit paffés dans le four. Ces exemples me porteroient fort à penfer que la forme des fours à chaux de Tournai eft moins parfaite & moins commode, quoique plus compofée, & qu'on
ne la conferve que par l'invincible préjugé de l'habitude, pernicieux à tous
les Arts.

127. Les morceaux de la chaux vive de Tournai, fortants du four, font
exactement de la couleur du foufre par leur fuperficie, ainfi que ceux de la
chaux âpre ; au lieu que ceux de la chaux de Landrethun, font d'un gris-cen-
dré. Celle-ci m'a paru donner auffi beaucoup moins de chaleur en l'éteignant, & moins foifonner, ou fe renfler, que la chaux de Tournai ; mais je
n'ai pû faire ces épreuves affez en grand, pour en rendre compte. « La meil-
» leure pierre à chaux de Tournai, eft de couleur d'ardoife ; celle qui eft fort
» noire, fe calcine difficilement.

FOURS A CHAUX EN PYRAMIDE QUARRE'E RENVERSÉE.

Fours à Chaux à la Tourbe.

128. Dans les environs de Montreüil-fur-Mer en Picardie, les Particuliers qui veulent faire bâtir, font faire leur chaux de pierres tendres, dans de petits fours en pyramide quarrée renverfée, d'environ 5 pieds de largeur au fommet, & 6 pieds de hauteur verticale au-deffus du cendrier, dans lefquels on brûle indifféremment des tourbes ou du bois. Ces fours font ordinairement creufés en terre, revêtus de briques, & n'ont qu'une feule gueule. Il faut que la pierre foit brifée en menus éclats de 5 à 6 pouces cubes : les charges s'en font par lits alternatifs, comme avec la houille : fi c'eft avec des tourbes, chaque lit de pierres & de tourbes eft de 4 à 5 pouces d'épaiffeur ; fi c'eft avec du bois, la pierre s'arrange en lits & morceaux plus épais, & les lits de pierres font féparés par deux couches de bûches ou branchages, croifées l'une fur l'autre.

129. Ce feu de tourbes ou de bois va fort vîte, & oblige le Chaufournier à faire de nouvelles charges toutes les deux heures & quelquefois d'heure en heure, jour & nuit, tant que le four eft allumé. Ces petits fours fe renouvellent de matieres par ce moyen au moins toutes les 24 heures, & rendent 40 à 50 pieds cubes de chaux par jour. Il ne feroit pas poffible de marcher fur leur furface, comme on le fait aux fours à la houille & fur les fourneaux à briques : ainfi il eft néceffaire de leur donner peu de largeur au fommet, afin de pouvoir atteindre des bords jufqu'au centre, pour y arranger les matieres. On fait ces fours quarrés, pour pouvoir en couvrir toute la furface avec du bois qui ne s'arrangeroit pas de même dans un four circulaire; mais les tourbes, qui font de la figure de nos briques, n'exigeroient pas que le four fût quarré.

130. Il feroit bien à fouhaiter pour quelques Provinces qui manquent & de houille & de bois, que cet ufage des tourbes fût plus connu : peut-être les mêmes fours qui fervent à convertir les tourbes en un charbon propre à l'ufage des cuifines & fourneaux (*Acad.* 1761, *p.* 385,), pourroient-ils fervir auffi à fabriquer de la chaux de pierres dures avec ce même charbon, & procurer aux Particuliers une double économie fur le bois ; fauf à examiner la qualité qu'auroit cette chaux, comme on le verra plus bas (*N*os. 141, 145.)

FOURS A CHAUX CYLINDRIQUES.

Fours à Chaux au charbon de bois.

131. On fabrique auffi la chaux de pierres dures avec du charbon de bois ;

& l'on pourroit certainement employer le charbon de bois comme les tourbes dans tous les fours coniques & pyramidaux. Cependant l'usage de quelques cantons, où l'on consomme de ce charbon pour faire la chaux, est de
la fabriquer par fournées séparées dans des fours cylindriques, construits exprès. On trouve une description assez passable de cette méthode dans la 7ᵉ.
édition de la Maison Rustique (*Paris*, 1755. *t.* 1.); mais M. Dumoulin (*N°.* 57.)
me l'a envoyé mieux détaillée, telle qu'elle se pratique dans les environs de
Mézières & Sédan.

132. « Un four cylindrique de 18 pieds de hauteur & 4½ de diametre inté-
» rieur (*Fig.* 47, 48.) contient environ 286 pieds cubes de vuide, qui se rem-
» plit par 189 pieds cubes de pierres dures & 120 pieds cubes de charbon de
» bois. Ce charbon total, par la charge des pierres qu'il supporte, s'entasse
» & diminue d'environ 24 pieds de son volume, ou 17 pouces de la hauteur
» qu'il occupoit en le plaçant dans le four.

» Pour charger ce four on arrange d'abord sur son fond & à sa gueule un lit
» d'environ 7 pouces de hauteur de pierres plattes *E*, nommées par les Chau-
» fourniers *des goulettes*, entre lesquelles on laisse une communication quar-
» rée *A* (*Fig.* 48.) de 7 à 8 pouces, recouverte de semblables pierres le long
» de la gueule & garnie en dedans du four de longs charbons croisés *F*, pour
» que le poussier ne puisse y tomber & l'engorger. Sur les goulettes, on fait la
» premiere charbonnée *D* de 9 pouces de hauteur, qui consomme 12 pieds
» cubes de charbon.

» Les pierres du premier lit *P¹*, ne doivent pas être plus grosses que de
» médiocres pommes de Reinette sur un peu moins de 10 pouces de hauteur.
» On le recouvre immédiatement d'un second lit de pierres *q* de 8 à 10 pou-
» ces cubes chacune, ou à peu-près doubles des premieres, & on arrange
» leur surface le plus également que l'on peut pour recevoir une nouvelle
» charbonnée. Cette charge totale de deux lits de pierres *P¹ q*, est d'environ
» un pied d'épaisseur.

» Toutes les autres charbonnées se font chacune de 18 pieds cubes de char-
» bon : mais les charges de pierres se font de plus en plus épaisses à mesure
» qu'elles sont plus élevées, excepté la derniere : la 2ᵉ. *r*, *P²*, *s*, est d'environ
» 16 pouces ; les suivantes de 20, 24, 26, 27, & la 7ᵉ. seulement de 15
» pouces.

» On observe à ces charges de pierres, de les arranger chacune en trois
» couches de deux grosseurs différentes ; sçavoir, une couche *P¹*, de menues
» pierres, comme celles qui joignent la premiere charbonnée, entre deux
» autres couches de pierres plus fortes *r* & *s*. On nomme ces plus fortes, les
» *dressées*, tant par ce qu'on les dresse avec sujétion sur leur champ, & le plus

» grand flanc vers le charbon, que parce qu'on leur donne du côté du char-
» bon la surface la mieux dreffée que l'on peut : on a foin auffi qu'elles ne
» foient pas trop ferrées, afin que le feu fe communique aifément d'une char-
» bonnée à l'autre. Toutes ces dreffées n'ont guere qu'un pouce d'épaiffeur,
» trois à quatre pouces de longueur & de hauteur, pour les charges infé-
» rieures, & 6 à 7 pouces de long & de large vers le haut du four. On re-
» couvre la dernière charge *P'*. par un peu de menues pierrailles, rangées en
» calotte, qui ne fervent qu'à retenir la chaleur.

» A mefure que l'on charge le bas du four, on en maçonne la gueule *C*,
» fur deux pieds d'épaiffeur, en forte qu'il n'y refte que la communication *A*,
» qui donne du tirage au feu.

133. » Il arrive affez ordinairement à Sédan & Mézières, que les Chau-
» fourniers trouvent mieux leur compte à fabriquer la chaux avec du char-
» bon de bois, qu'avec un feu de fagots ; mais par les prix actuels (*N°. 56.*)
» du bois & du charbon, qui coûte 32 fols le poinçon de 6 pieds cubes, la
» chaux de cette dernière fournée leur coûteroit environ 3 liv. 10 fols plus
» cher, qu'en la fabriquant à la grande flamme. Ils difent en ce cas que le
» charbon rend la chaux plus *aigre* ; ce qui veut dire qu'elle ne foifonne pas
» tant en l'éteignant, qu'elle n'eft pas fi graffe dans les mortiers & ne fe mêle
» pas fi bien avec le fable : ils ajoutent encore que le grand feu de bois dé-
» craffe la pierre » (des parties de fon boufin qui peuvent y être reftées) »
» & que le feu de charbon n'a pas cette vertu. » Mais dans ce canton où la
houille n'eft pas rare, il me femble qu'il y auroit de très-bons motifs, pour
n'employer aux fours à chaux ni bois ni charbon de bois.

Four à Chaux du Hainault Autrichien.

134. On fe fert encore de ces fours cylindriques dans le Hainault Autri-
chien, aux Carrières de Soignies, Felly & Arquenne, entre Mons & Bruxel-
les, où l'on calcine de tres-bonnes pierres à chaux par fournées féparées au
feu de houille. On y fait les charbonnées d'environ 8 pouces d'épaiffeur &
les charges de pierres du double, en les jettant tout fimplement par paniers
à la fois fur chaque charbonnée. Cette méthode n'eft pas économe, puifqu'elle confomme en houille à peu-près la moitié du cube de la pierre ;
mais on la fuit dans un canton où l'une & l'autre matière coûtent fort peu
de chofe.

De la fabrication de la Chaux en plein air.

135. Enfin j'avois oui dire que fans conftruire de four, on fe contentoit
en quelques endroits du Hainault, de creufer un peu la terre, & qu'y ayant
arrangé

arrangé la pierre, à peu-près, comme les bois à convertir en charbon, elle s'y calcinoit très-bien. On lit auſſi quelque choſe de ſemblable dans les obſervations de l'Encyclopédie ſur cette matière.

Fours à Chaux vers la Sambre.

M. Daumont, Directeur des fortifications des Places, vers la Sambre, a bien voulu me procurer de Maubeuge un Mémoire détaillé de M. de Juzancourt le Cadet, Ingénieur ordinaire du Roi, ſur cette méthode, qui par ſa ſimplicité peut être bonne à connoître pour un Particulier qui n'a beſoin que d'une ſeule fournée de Chaux. J'ai tiré de ce Mémoire l'extrait ſuivant.

136. « Après avoir tracé ſur la ſurface de la terre un cercle d'environ 9 » pieds de rayon, on creuſe au milieu de cet eſpace, ſur 36 à 40 pouces de » profondeur un trou cylindrique de 2 pieds de diametre. Du fond de cette » eſpèce de puits, on enlève les terres, juſqu'à la circonférence du grand cer-» cle, en laiſſant un peu de convexité au fond du terrain *a b c* (*Fig.* 50, 51.), » qui repréſente alors, comme un cône tronqué renverſé, fort évaſé par ſa » baſe, & dont les côtés ſont courbes. Du bord *a* de l'orifice inférieur du cône » on creuſe auſſi une rigole *a d* (*Fig.* 50.) aboutiſſant à la circonférence du » grand cercle : on la conduit à peu-près de niveau avec le fond de la pre-» miere excavation : on la fait aſſez large pour y pratiquer avec des pierres » plates, un porte-feu d'un pied en quarré vers le centre du four *a*, & d'en-» viron 18 pouces à l'autre extrémité *d* ; en avant de laquelle rigole on creuſe » encore un eſpace en quarré *e* (*Fig.* 49 & 50.) de 2 à 3 pieds de côté, » pour avoir accès à cette rigole qui ſert de gueule à ce four ; & quand le » feu eſt bien allumé, on recomble l'orifice *d*, du porte-feu.

» Après avoir recouvert le porte-feu de pierres, on commence la charge » du four en faiſant ſur toute ſon étendue un lit de pierres de moyenne groſ-» ſeur, que l'on arrange leur pointe en en-bas, afin de laiſſer entr'elles de petits » intervalles, qui puiſſent faciliter la circulation de l'air & l'embraſement » de la houille. On y jette enſuite quelques paniers de menues pierres, pour » maſquer les joints des premières, & empêcher la houille en pouſſier d'y » tomber. Le milieu de ce lit de pierres ſe couvre de houille en petits mor-» ceaux, puis de houille en pouſſier, le tout ſur environ 3 pouces d'épaiſ-» ſeur & 6 pieds de diametre. On forme un autre lit du même diametre de » petites pierres jointives & bien ſerrées, poſées ſur leur champ, mais un peu » inclinées & rangées comme par rayons du centre du four vers ſa circon-» férence : on charge celui-ci de houille arrangée comme à la première cou-» che, dont celle-ci rejoint les bords, & on l'étend de trois pieds de plus » tout autour. Après un nouveau lit de petites pierres placées de même avec

» fujétion, on étend une troifième couche de houille de 15 à 18 lignes d'é-
» paiffeur, qui couvre toute la furface du four, & qui communique comme on
» le voit en *o, u, i,* (*Fig.* 50, 51.) avec la premiere & la feconde couche : en-
» fin on recouvre la houille d'un autre lit de pierres femblablement rangées,
» qui s'étend auffi jufqu'à la circonférence du four. On fait en forte que le to-
» tal de ces premières charges, foit un peu moins élevé vers le centre qu'au-
» près des bords du four, afin de lui conferver un peu d'encuvement, & de
» donner par-là un peu plus d'affiette au refte de l'édifice, que l'on compofe
» de même par couches de houille alternatives avec des lits de pierres ; mais
» comme l'action & la vivacité du feu font beaucoup plus grandes, lorfque
» toute cette houille d'en bas eft enflammée, on ne fait les 6 ou 7 premiers
» lits de pierres que d'environ 4 pouces d'épaiffeur chacun ; on augmente fuc-
» ceffivement les autres, à mefure que le four s'éleve, jufqu'à leur donner
» 10 à 12 pouces, fans augmenter l'épaiffeur des couches de houille, & fi
» les pierres ne fe trouvent pas affez groffes pour former les derniers lits, on
» y en ajoute de plates qui en achevent l'épaiffeur. On a foin auffi de donner
» aux pierres de chaque lit une petite inclinaifon fur leur champ, en fens oppo-
» fé à celles des pierres du lit inférieur, pour empêcher que rien ne fe dé-
» range dans le four pendant la calcination.

» Ce four, en s'élevant de 19 à 20 lits de pierres en total, & jufqu'à 14 pieds
» au moins au-deffus de terre, diminue infenfiblement de contour & fe ter-
» mine en calotte ; en forte que, quand il eft fini, la partie qui excède le terrain
» naturel fe trouve avoir acquis affez exactement la forme d'un folide, réful-
» tant de la révolution d'une demi-parabole du premier genre fur fon axe.

» Lorfque le four eft chargé, on l'enduit extérieurement d'une couche de
» 2 pouces d'argille en pâte, » (comme je l'ai dit des premiers fours à chaux
de ce Mémoire, N⁰ˢ. 28, 57, 62.) « on en contre-butte enfuite tout le contour
» avec les plus groffes pierres, que l'on peut raffembler, fur 4 à 5 pieds de
» hauteur, pour empêcher les éboulements que le feu pourroit y occafionner.

» On a grand foin d'enceindre le tout d'une rigole *r* avec pente, pour en
» éloigner les eaux, & d'oppofer les paillaffons au côté d'où vient le vent,
» pendant que le four eft allumé. On l'allume en introduifant quelques me-
» nus bois & fagots dans fon porte-feu *a d.*

137. M. de Juzancourt, a remarqué qu'au bout de 48 heures d'inflammation le feu d'un de ces fours étoit parvenu à environ $4\frac{1}{2}$ pieds au-deffus du
fond du foyer ; qu'il faut à peu-près encore un jour, pour que le feu arrive
au fommet, & que du moment où l'on y met le feu, il faut 5 à 6 jours pour
que l'on puiffe en tirer la chaux.

Que 8 hommes en 4 jours ont conftruit ce four, dont toutes les pierres
avoient été amaffées & préparées tout autour.

Que son affaissement sur les 17 pieds de hauteur totale, étoit après la calcination d'environ 3 pieds.

Que l'édifice total formant avant d'y mettre le feu un solide de 1735 ½ pieds cubes, on en avoit retiré à la mesure 1163 ½ pieds cubes de chaux, & 66 ½ pieds cubes de cendrée.

Qu'on avoit employé pour cette fournée de chaux 316 pieds cubes de houille en poussier.

138. On voit par ces détails, que si cette espèce de four, procure quelqu'économie sur sa construction en le comparant aux fours en cônes renversés (N°. 85, 90.), cet avantage se trouve détruit par un déchet considérable sur la pierre dont ceux en cônes sont exempts. (N°. 113.) Le four à Chaux que M. de Juzancourt a suivi, étoit à Ferriere-le-grand, Village à une demi-lieue de Maubeuge, sur le chemin de Philippeville. La pierre que l'on y calcine, est des plus dures & assez semblable à celles de Tournai & de Landrethun. *

* J'ai vu dans le lit même du Rhône de petits fours à chaux semblables à ceux qui sont représentés dans les *Figures* 49, 50, 51. Mais je me suis rappellé que j'avois encore vu le long de ce Fleuve des fours à chaux plus grands ; & comme il me restoit plusieurs incertitudes sur la disposition de ces fours, je me suis adressé, par le moyen de M. Perronnet de l'*Académie des Sciences* & premier Ingénieur des Ponts & Chaussées du Royaume, à M. Seillier, Ingénieur des Ponts & Chaussées de la Généralité de Lyon, qui a bien voulu éclaircir tous mes doutes, & me fournir les notes dont j'avois besoin.

Les fours dont nous allons parler sont établis au bord du Rhône & dans quelques-unes de ses Isles. Comme ils ressemblent beaucoup à ceux que M. Fourcroy a représentés dans les *Figures* 31, 32, &c. j'ai cru qu'il suffiroit de donner la figure de ces fours dans la *Planche XV, Fig.* 52, 53, 54, 55, & qu'on pouvoit se dispenser d'y joindre une grande explication, d'autant que ces différents fours ne sont point construits exactement sur les mêmes dimensions.

Il suffit de dire que ces fours sont construits en simple maçonnerie de moëllon & de mortier; on choisit simplement les pierres les moins susceptibles d'être calcinées par le feu, tels sont des roches qui ont un grain de grès. Quand ces pierres sont rares, on se contente d'en revêtir l'intérieur du fourneau, ou la partie la plus immédiatement exposée à la violence du feu. Pour charger le four, on commence par boucher les trois ouvertures inférieures avec trois gros morceaux de bois à la hauteur du noyau avec un peu de fagot pour former une espèce de plancher qu'on recouvre d'une couche de charbon de terre d'environ trois pouces d'épaisseur;on place sur ce charbon un lit de pierres de cinq pouces de hauteur, & on forme successivement des lits alternatifs de charbon & de pierres jusqu'au haut du four, observant de faire les lits de pierre un peu plus épais en haut qu'en bas. Quand le four est ainsi chargé on met le feu au bois qui est en bas, & il ne se manifeste en haut que 48 ou

60 heures après. Quand le feu paroît en haut, on remue la pierre & le charbon avec une broche de fer pour engager la pierre à descendre ; on en retire par le bas du four celle qui est cuite, & on recharge le haut avec des pierres & du charbon.

Les Chaufourniers des bords du Rhône cuisent donc à petit feu & avec de la houille ou charbon de pierre, dont on tire une partie de *Rivedegier* qui est situé sur la route de Lyon à S. Etienne. Ce charbon est transporté à dos de mulet de cette carriere jusqu'à *Givors,* où on l'embarque sur le Rhône pour le conduire le plus près qu'il est possible des différents fours à chaux.

Chaque Chaufournier fait la chaux avec les pierres qui se trouvent plus à portée de son four,quoiqu'elles ne soient pas également propres à faire de bonne chaux ; mais les frais du transport empêchent de choisir les pierres qui sont les plus propres à cet usage : par exemple, on donne unanimement à Lyon la préférence à la chaux faite avec une pierre remplie de fossiles qu'on tire de *S. Germain au Mont d'or*, sur la rive droite de la Saône à deux ou trois lieues au-dessus de Lyon, & qu'on cuit au fauxbourg de Vaise. Ce four établi au bord de la Saone n'emploie que de la pierre de S. Germain dont le transport est facile sur la Saône. Cette chaux durcit promptement ; & étant mêlée avec le gravier du Rhône, elle forme une masse très-dure, qu'on nomme *le Béton*.

Quoique ces avantages soient reconnus vrais, les Chaufourniers établis sur le Rhône emploient d'autres pierres. Dans le four de la Guillotiere, on cuit que de la pierre du Bugey, à cause de la facilité qu'on a à le recevoir par le Rhône.

Quelques Chaufourniers font leur chaux avec des cailloux ou galets qu'on amasse dans le lit du Rhône & dans celui de la riviere d'Ain. Il ne faut pas prendre indifféremment tous les cailloux qui se trouvent dans le lit de ces rivieres ; car il y en a qui sont vitrifiables, & d'autres qui sont calcaires : ceux-ci sont même beaucoup plus rares que les autres, & les Chauxfourniers disent qu'entre ces cailloux il s'en trouve qui ne peuvent pas cuire jus-

OBSERVATIONS

Sur les confommations du feu pour les fours à Chaux & à Briques.

139. J'ai voulu comparer la confommation de la houille, tirée d'une même mine & employée en Flandre à faire de la Chaux & des Briques, avec la confommation des bois employés dans d'autres Provinces aux mêmes ufages : je n'y ai pas trouvé l'analogie que j'y cherchois. J'eftime qu'un cube de 4750 Briques de Flandre équivaut par fa maffe, à une toife cube de pierres dures, rangées dans un four à Chaux à grande flamme ; & que ce cube de briques confomme, réduction faite, pour fa cuiffon 32 ½ pieds cubes de houille (*Art du Tuil.* p. 43, 44, 50, 55.). En confidérant que cette toife cube de Briques fe cuit dans un four du Havre-de-grace au moyen de 4/11 d'une corde de bois, tandis que la toife cube de pierre en exige au moins 3 ¼ cordes (N°. 78.), j'avois été tenté de croire que la toife cube de pierre, dans la même proportion de 18 à 77, devoit exiger pour fa calcination beaucoup au-delà de 60 à 65 pieds cubes de houille (N°. 116.). Mais l'expérience femble ici décider très-clairement que ces deux différentes opérations du feu, qui dépendent en partie de fon intenfité & de fa durée (N°. 78.), s'exécutent encore plus ou moins facilement felon la nature inconnue des éléments qui le compofent,

qu'au cœur. Il feroit aifé de diftinguer les cailloux vitrifiables d'avec les calcaires, avec l'acide nitreux qui n'attaque que les calcaires ; mais ce moyen n'eft pas pratiquable en grand. Quoique les bons & les mauvais cailloux foient fouvent d'une même couleur, d'un même poids, & qu'ils aient une forme femblable, les Chaufourniers favent cependant les connoître à la vue ; une longue habitude les met en état de diftinguer promptement ceux qui font propres à faire de la chaux, entre un grand nombre d'autres qu'on ne peut employer à cet ufage. La chaux qui provient de ces cailloux, n'eft pas auffi eftimée que celle des autres pierres, au moins pour la bâtiffe ; mais on la préfere pour les enduits & pour blanchir les murailles, parce qu'elle eft d'une blancheur à éblouir.

Une mefure d'un pied cube remplie de ces cailloux, qui font communément de la groffeur d'un ou deux œufs, pefe 127 livres avant d'être mife au four, la même mefure après la cuiffon ne pefe que 64 livres, quoique les pierres qui fe font brifées rempliffent mieux la mefure que celles qui étoient entières. La même quantité de pierres du Bugey ou de S. Germain caffée & réduite à peu-près à la même groffeur pefe 103 livres avant la cuiffon, & au fortir du four 64 livres. Ces expériences ont été faites par M. Seillier.

La chaux qui provient de ces différentes pierres, foifonne à peu-près également.

On débite ces différentes Chaux à la mefure qu'on nomme *benne* : elle contient comble un pied cube qui fe vend à Lyon 12 ou 14 fols ; à Pierre-Benite 10 fols, & à Givors 8 fols ; la différence de ces prix dépend principalement du tranfport du charbon. La chaux de galets ou cailloux du Rhône eft toujours à un peu meilleur marché que celle de pierre, quoiqu'elle foit plus difficile à cuire ; mais outre qu'elle paffe pour être d'une qualité inférieure, les Chaufourniers peuvent la tenir à plus bas prix, parce qu'ils font difpenfés de la tirer des carrieres & de la brifer ; ils n'ont qu'à la ramaffer & en remplir leurs fourneaux.

Ces fours font prefque toujours en feu ; car, comme il a été dit, à mefure qu'on tire la Chaux par le bas, on remplit le haut par des lits de pierre & de charbon. C'eft ce que M. Fourcroy a très-exactement expliqué plus haut.

Dans un four de huit pieds de diamètre par le haut, & 5 pieds de hauteur perpendiculaire, on cuit ordinairement 50 pieds cubes de chaux par jour ; dans un de 9 pieds de diamètre fur 6 de hauteur, on en cuit jufqu'à 72 pieds cubes ; enfin dans un de 10 pieds de diamètre fur 7 à 8 de hauteur, on en cuit communément 100 ou 110 pieds cubes quand c'eft de la pierre ; car on eftime qu'il faut un tiers ou un quart plus de temps pour cuire les galets : de forte que le four de moyenne grandeur qui fournit 72 pieds cubes quand on cuit de la pierre, ne donne que 48 à 50 pieds cubes quand on le charge avec du caillou.

On ne met point les cendres à part, elles font confondues avec la chaux, & tout fe vend pêle-mêle.

soit qu'il les exhale & introduise dans les matieres que l'on y plonge, soit qu'au contraire il les en fasse sortir en les décomposant, comme je l'ai supposé plus haut (*N*°. 42.) : que la houille fait un feu beaucoup plus favorable à la calcination de la pierre, ainsi qu'à celle des métaux qu'elle brûle presque tous, plutôt que de les fondre, & le bois un autre feu plus favorable à la cuisson & l'endurcissement de la Brique, comme on sçait que le charbon de bois vaut mieux pour la fonte des métaux.

Cette différence dans la qualité du feu, que les Physiciens & Chimistes regardent comme digne de remarque (*Art du Charbonnier*, *p. 6. 7.*) se trouve telle en nos fours à chaux, qu'elle peut en plusieurs Provinces, faire un objet d'économie. Si l'on supposoit qu'à Metz la corde de bois valût 14 liv. & le pied cube de houille 7 sols 6 den. la dépense du feu pour fabriquer une toise cube de Briques monteroit, en bois comme en houille, à environ 12 livres ; au lieu que pour une toise cube de pierres à calciner il en couteroit 50 liv. en bois, ou seulement 24 livres en feu de houille ; le tout en supposant aussi les qualités de ces matieres telles qu'on les trouve ailleurs.

140. Il pourroit donc y avoir une grande méprise à consommer pour fabriquer la chaux des bois & charbon de bois, toujours précieux & indispensables à d'autres usages, dans toutes les Provinces où l'on peut se procurer la houille à bon compte. Il y a grande apparence que la *Chaux âpre* de Lorraine, & la chaux de Mézieres & Sédan, ne seroient pas moins bonnes, étant fabriquées au feu de houille, comme on le pratique à Givet & dans le pays de Liége ; & cet article me paroît important sur-tout auprès des Villes, comme le pensoit M. de Reaumur, pour les environs de Paris (*Acad.* 1721 , *p.* 269).

141. M. Macquer, dans un excellent Mémoire sur la chaux (*Acad.* 1747 ; *p.* 683), nous apprend que la meilleure chaux cémentée dans la cendre de bois, perd tous les caractères qui la constituent principalement, & que l'addition de matières salines est capable d'empêcher la chaux de se former ; ce fait rend raison de la mauvaise qualité pour la bâtisse des cendres d'un four à chaux où l'on brûle du bois (*N*°. 110.). Personne ne peut douter non plus que la fumée du bois ne porte sur les pierres d'un four à chaux, des matieres salines, qui ne se trouvent vraisemblablement pas les mêmes dans la fumée de la houille : ainsi je regarderois les vapeurs salines des végétaux comme la véritable cause de la résistance à calcination, que la pierre nous fait voir dans les fours à grande flamme. Mais si nous sçavons par les travaux de ce grand Chimiste, que différents acides & alkalis fixes, ne sont pas propres à perfectionner la chaux, le feu de houille ne paroît pas nous défendre de croire, que certains esprits sulphureux, puissent faciliter sa fabrication. Lorsque d'habiles Naturalistes, voudront encore s'occuper de cet objet, peut-être apprens

drons-nous que toute pierre calcinable peut fe convertir en chaux, ou plus facilement ou meilleure, par l'addition de quelqu'intermede fulfureux, vil & commun.

Sur la Chaux brûlée *au feu de houille*.

142. J'AI dit que les Chaufourniers comptent les roches du four, qu'ils appellent auffi *Chaux brulée*, entre les déchets de leurs fours (No. III.). J'ai vu de ces Ouvriers qui la féparoient pour la laiffer perdre : ils m'avoient dit qu'elle ne s'éteignoit point à l'eau, qu'elle y furnageoit en morceaux, &c. tous pré-jugés fort communs aux fours à chaux de Flandre, mais bien oppofés à mes idées, & qui m'éloignoient de pouvoir deviner ce qu'ils vouloient me dire par leur *Chaux brûlée*. J'ordonnai donc que l'on m'en brûlât une manne à tout excès. Cela fe fit en accompagnant dans le four cette mefure de pierres du double & plus de ce qu'on y met ordinairement de houille pour la bien cal-ciner. Le furlendemain, je choifis au fortir du four, & j'examinai tout ce qui fut jugé le plus brûlé dans cette chaux. Je reconnus au premier coup d'œil que ces morceaux, dont le dehors étoit en partie fort noir, & l'intérieur brun ou jaune, fe trouvoient imprégnés de la vapeur furabondante de la houille, que le feu n'avoit pas eu le temps de confumer. Ces morceaux étoient pour la plûpart glacés à leur furface d'un vernis, reffemblant en quelques endroits à de la Colophone, & que l'on auroit pu prendre pour un commencement de vitrification. En brifant ce maftic, je vis que c'étoit une portion d'huile de houille, que fon refroidiffement avoit coagulé fur la chaux, de façon à en tenir plufieurs morceaux fortement unis enfemble, comme les roches des Briqueteries. Une partie de cette huile avoit pénétré l'intérieur de tous ces morceaux affez avant, & la totalité des plus petits : quelques-uns étoient fendus & gercés, quoique tous bien fonnants, legers, très-durs & fort aigres, comme le verre fous le marteau. M. Bexon, Ingénieur ordinaire du Roi, qui fe trouvoit préfent à mes épreuves, me dit à cette occafion que chez le Prince de Naffaw, à Sarbruck, on tiroit de la houille une huile, dont les Payfans du canton fe fervent pour s'éclairer & graiffer leurs voitures. Ce fait m'a été confirmé depuis par M. le Comte de Pelliffari, Gentilhomme atta-ché au Prince de Naffaw. Cet Officier revenant d'Angleterre, m'a dit que l'on fépare cette huile de la houille à Sarbruck, pour rendre la houille pro-pre à l'ufage des forges ; & que c'eft vraifemblablement par ce procédé, dont il ignoroit le détail, que les Anglois font venus à bout de fubftituer la houille aux bois pour l'exploitation de leurs Verreries.

143. Je plongeai plufieurs morceaux de ces roches dans de l'eau à grand volume ; aucun ne furnagea, quoique la bourfouflure du maftic eût pû facile-

ment opérer cet effet ; ils en burent beaucoup , avidement , avec fifflement , & émanation de quantité de bulles d'air : ils y reſterent tous quelque temps fans s'échauffer, parce que leur maſtic les défendoit ; mais au bout d'une heure la plûpart étoient gonflés , & tomberent en chaux éteinte. Je changeai d'eau fraîche les plus réfractaires à la fuſion ; aucun ne réfiſta à deux ou trois heures au plus d'immerſion ; par ces faits, je fus aſſuré que cette Chaux n'étoit pas plus brûlée que toute autre : je vis qu'il ne reſtoit d'entier dans mes vaſes , que les plus épaiſſes portions de maſtic ou d'huile de houille , que j'avois laiſ-fées fur la furface de ces roches ; les plus menues ne fe retrouverent plus , & me parurent s'être fondues avec la chaux. J'avois remarqué dans d'autres ex-périences que les huiles végétales communes , détruifent les caractères de la chaux vive , fans en faire de la chaux éteinte ; mais ici tous les morceaux le mieux pénétrés de cette huile minérale furent parfaitement diviſés, comme les autres, avec grande efferveſcence.

144. Pour éprouver auſſi l'extinction de cette chaux prétendue brûlée , tant avec peu d'eau qu'à l'humidité de l'air, j'arroſai légerement nombre de ces morceaux bien enduits de leur vernis, & les laiſſai au foleil : tous s'échauf-ferent violement & tomberent en pouſſière en moins d'une demi-heure : on ſçait que de même toute chaux bien vive eſt plûtôt éteinte en y mettant l'eau peu à peu, qu'en lui en donnant à la fois plus qu'il ne lui en faut pour la diſſoudre. J'en mis d'autres femblables morceaux à l'ombre, fans eau , par un temps aſſez fec ; en cinq jours leur *deliquium* fut complet.

Sur la Chaux brûlée *au feu de bois.*

145. Je fuis reſté perfuadé par ces expériences que la chaux ne court au-cun riſque à être pouſſée d'un feu de houille, beaucoup au-delà du néceſſaire (No. 116). Je n'ai point entendu parler de *Chaux brûlée* aux fours à grande flamme que j'ai fuivis* ; & je n'avois pas alors l'idée d'examiner ce fait. Il faudroit entendre par ce terme des morceaux de pierres, qui ayant reçu trop ou trop long-temps le feu, auroient perdu les qualités calcaires , comme de s'éteindre à l'eau & à l'humidité de l'air, d'opérer la concrétion des mor-tiers, &c. Il faudroit pour cela que la pierre fût devenue chaux à un certain degré de ce feu à grande flamme, puis eût changé de nature à un degré plus violent de ce feu, ou foutenu plus long-temps ; de même que les métaux fe fondent d'abord & bouillent, puis fe calcinent, fe vitrifient, ou s'évaporent. Cette transformation de la pierre calcaire ne me paroît pas impoſſible : on

---

* J'ai vu retirer des fours à chaux à grande flam-me des maſſes demi-vitrifiées qui ne fuſoient point dans l'eau ; cet accident ne venoit point de ce que le feu avoit été pouſſé trop vivement, mais de ce qu'il s'étoit trouvé des pierres vitrifiables mêlées avec les calcaires.

voit dans les Mémoires de l'Académie (*ann.* 1749. *p.* 476.) que la chaux forte d'Italie peut fe détériorer en pouffant fa calcination : on trouve auffi quelque chofe de femblable dans une Obfervation de l'Encyclopédie que je rapporterai à la fuite de ce Mémoire : enfin fi l'émanation de quelques vapeurs falines des végétaux mis en feu rend le point de calcination plus difficile à atteindre, une plus grande quantité de ces mêmes vapeurs pourroit opérer l'effet que l'on obtient par les mélanges de M. Pott, (*Lithogeog. Tab. des Mélanges, Chap. premier*). Si l'on remarque donc des exemples de *Chaux brûlée* dans les fours où l'on brûle des végétaux, ils me paroiffent propres à confirmer les conféquences que je tire des expériences de M. Macquer (*N°.* 141.), & nous indiquer encore que l'ufage de la houille eft plus analogue à cette fabrication.

Sur la meilleure méthode connue de fabriquer la Chaux.

146. Peut-être exifte-t-il d'autres procédés de fours à chaux effentiellement différents de ceux décrits dans ce Mémoire, & il faudroit fans doute les connoître pour décider convenablement quelle eft la meilleure méthode de fabriquer la chaux. Mais entre les defcriptions, & par les remarques précédentes, il me paroît certain que la méthode ufitée en Flandre (*N°.* 84.) eft préférable de beaucoup à toutes les autres ici détaillées.

Sur une autre efpèce de Chaux brûlée.

147. On appelle encore *Chaux brûlée*, dans l'art de bâtir, la chaux qui a été éteinte avec moins d'eau qu'il ne lui en falloit pour la bien diffoudre. A parler exactement, ce procédé ne produit rien autre chofe que de faire fufer précipitamment une partie de la chaux, de laquelle il fait toujours évaporer la vertu : au lieu que cette précieufe vapeur, quelle qu'elle puiffe être, femble retenue & comme inféparablement amalgamée dans une pâte de chaux éteinte avec l'eau fuffifante. Je ne connois que la gelée qui puiffe altérer celle-ci.

148. C'eft donc un abus entre les Chaufourniers domeftiques d'éteindre avec un peu d'eau les morceaux de chaux qui contiennent encore de la pierre (*N°.* 111) : toute la chaux en poudre provenant de cette manœuvre, nonfeulement eft fans qualité pour les maçonneries, mais elle détériore une grande quantité d'autre chaux avec laquelle on la mêle en attendant qu'on l'éteigne. C'eft pour cette raifon que toute chaux tranfportée loin des fours arrive ordinairement aux bâtiments n'étant plus bonne à rien, & que tant d'édifices périffent en peu d'années. Je n'ai point vu de chaux fabriquée depuis trois jours qui ne fût en partie pulvérifée ; & les Chaufourniers, qui en conviennent

nent tous, prétendent que cet accident arrive encore plutôt quand l'air est chaud que quand il est tempéré, & sur-tout en temps d'orage * (*N°.* 48). Il sembleroit qu'alors la matière électrique abondamment répandue dans l'air attire fortement le feu subtil qui constitue toute la bonté de la chaux, & la lui fait abandonner. Il seroit donc très-nécessaire à la solidité des maçonneries & à l'économie publique que toute la chaux qui s'y emploie, eût été éteinte au pied des fours, & que cette seconde préparation fît partie de la fabrication de la chaux, comme on le pratique en Provence. (*Voyez l'Explic. des Fig. N°.* 159.) Il y a long-temps que l'on a fait & imprimé cette réflexion, dont peu de gens ont profité (*Anciens Mém. de l'Acad. T. I. p.* 47. *Hist. Latine de l'Acad. p.* 29. *Belidor, & quantité d'Ouvrages sur l'Architect. & les Bâtiments*): mais j'espere que l'on m'en pardonnera la répétition dans ce Mémoire, si elle peut engager au moins ceux qui dirigent les édifices Royaux & publics à prendre cette essentielle précaution. On sçait que les Anciens gardoient la chaux éteinte deux ou trois ans avant de l'employer. Je trouvai en **1763** à Dunkerque les restes d'un bassin de chaux de Landrethun coulée depuis près de neuf ans, dans laquelle j'enfonçai aisément une canne à 5 ou 6 pouces de profondeur ; elle pouvoit encore servir à des mortiers sans y remettre d'eau.

Sur la terrasse de Hollande.

149. Dans les différentes expériences que les fours à chaux m'ont donné l'occasion de faire, je me suis apperçu que je m'étois trompé en pensant que la *terrasse de Hollande* étoit une chaux forte & des meilleures qui soient connues, parce que je la confondois avec une matière dont il est parlé dans la Lithogéognosie (*Contin. p.* 232.) M. Pott y fait mention d'une pierre à ciment qu'il range entre les tufs calcaires, & donne le nom de *Chaux* à la préparation qu'elle reçoit en Hollande pour être employée aux ouvrages baignés par les eaux : j'avois cru que ce passage caractérisoit ce que nous connoissons sous le nom de *terrasse de Hollande*, que nous employons aux mêmes usages. Par l'examen que j'en ai fait en Flandre, je ne lui ai trouvé aucun des caractères de la chaux. Cette matiere non-seulement ne s'éteint ni à l'air ni dans l'eau, mais même ne fait aucune effervescence avec les acides. Je la soupçonne un vrai ciment de terre ou pierre argilleuse cuite.

Sur la consommation de la Chaux pour les Maçonneries.

150. On trouve dans tous les Livres, Mémoires, & Devis anciens &

---

* Si la Chaux vive fuse promptement dans les temps d'orage, ce phénomene pourroit dépendre de ce que, dans ces circonstances, l'air est souvent chargé de beaucoup d'humidité ; ce qu'on reconnoît par les hygrometres.

P.

modernes concernant les maçonneries, différentes doses, tant de la même que de diverses especes de chaux, prescrites pour différentes circonstances de la bâtisse : je n'ai trouvé nulle part les motifs de ces usages, que beaucoup de démolitions m'ont cependant indiqué comme bons à suivre. Toutes mes épreuves & remarques m'ont appris que la seule regle générale sur les doses de la chaux doit être la consistance nécessaire aux mortiers pour faire, au moment où on les emploie, le meilleur effet possible dans la place qu'ils doivent occuper.

151. Que toute portion de chaux vive quelconque se trouve proportionnée par la nature à une certaine quantité d'eau nécessaire pour sa parfaite solution, & si précise que cette chaux rejette d'elle-même, ou laisse surnager tout ce qu'on lui en a mal-à-propos donné de trop.

152. Qu'elle se divise dans sa dose propre d'eau en parties assez fines pour n'augmenter en aucune façon sensible ce volume de l'eau qui lui convient, après qu'elle y a été fondue. Ce fait qui m'a surpris, m'a paru très-constant. Six pouces cubes de chaux de Landrethun, bien calcinée, exigent 18 pouces cubes d'eau, pour être bien éteints : & après la parfaite fusion de cette chaux, le total de la pâte qui en résulte, est un cube de 18 pouces.

153. Que dans cet état de pâte, & du plus grand volume qu'elle puisse occuper, elle peut recevoir, pour composer un mortier traitable, plus ou moins de sable, de ciment, de Pozzolane & autres substances qu'on veut y mêler, suivant la nature de ces ingrédients : la chaux reçoit moins des matières qui sont plus poreuses & capables d'absorber plus d'humidité, comme ciments, terrasse, briques pilées, &c. & elle reçoit plus de celles qui, comme les sables, les laitiers, le verre pilé, &c. ont leurs pores imperméables à l'eau.

154. Qu'il faut absolument à tous ces différents mélanges une consistance fort souple, & par conséquent plus de chaux, lorsqu'il est essentiel qu'il ne se rencontre aucuns vuides dans les joints des maçonneries, comme aux ouvrages de briques destinés à résister aux efforts de l'eau : mais que quand les matériaux sont plus compactes, comme la pierre dure ou le marbre, & ne s'imbibent pas autant que la brique ; quand les maçonneries doivent rester à sec, ou forment le derriere de revêtements fort épais ; on doit dans tous ces cas ménager la chaux, c'est-à-dire, en mettre moins dans les mortiers, qui peuvent alors sans inconvénient être employés moins liquides.

155. Enfin, que comme les qualités & le *foisonnement* de la chaux varient suivant les pierres qui la fournissent, & suivant qu'elle a été bien ou mal *éteinte*, *coulée*, *étouffée*, *gardée*, &c. les véritables doses de chaque espèce de chaux pour tous les cas ne peuvent être connues nulle part que par des expériences locales, & relatives à la destination de chaque espece de mortier.

Ces dernieres obfervations font étrangeres à l'Art du Chaufournier: mais j'ai cru qu'elles pouvoient conduire à quelques donnéess propre à bien régler la confommation de la chaux dans l'Art de la Maçonnerie, dont celui-ci peut être regardé comme un élément, & que vraifemblablement je n'entreprendrai pas de décrire. *

* M. Fourcroy s'eft peu étendu fur ce qui concerne la bonté des mortiers, parce que, comme il le dit lui-même, il a regardé cet objet comme affez étranger à l'Art du Chaufournier; cependant j'ai cru qu'on ne me défapprouveroit pas d'ajouter quelque chofe aux excellentes réflexions de M. Fourcroy.

1°. La bonté des mortiers dépend de la bonne qualité de la Chaux & des fubftances graveleufes qu'on y mêle.

2°. On a vu, & l'on peut dire, généralement parlant, que les pierres les plus dures font la meilleure Chaux.

3°. A l'égard des fables, les Entrepreneurs aiment ceux qui font gras & un peu terreux, parce qu'ils exigent moins de Chaux; mais les fables les plus nets font des mortiers infiniment fupérieurs.

4°. Les ciments qu'on fait avec de la brique ou de la tuile mal cuite font très-mauvais, fur-tout quand on les a confervés à l'air & à la pluie; au contraire les ciments faits avec de la tuile bien cuite & q l'on a confervés à couvert, font d'excellents mortiers. J'en ai fait de très-dur avec les pots à beurre pilés, & encore mieux avec le *caput mortuum* de la diftillation de l'eau-forte; & je crois que cette fubftance diffère peu de la terraffe de Hollande. On fait que la Pozzolane qui a été calcinée par les volcans fait d'excellents mortiers.

5°. Pour bien faire les mortiers, il faut bien battre le fable avec la Chaux : fi la Chaux étoit trop feche, on pourroit l'attendrir en la boulant avec un peu d'eau; mais il ne faut point ajouter d'eau en mettant le fable avec la Chaux, ou quand on fait le mortier; à force de le bouler, on lui fait prendre une molleffe convenable.

6°. Quelque bons que foient les mortiers, ils ne prennent aucune liaifon fi on les emploie avec des matériaux qui afpirent leur humidité. Si on emploie un excellent mortier avec des briques qui fortent du four, au bout de deux ans ces mortiers n'ont aucun corps; le même mortier ayant été employé pour joindre des briques qu'on avoit fait tremper plufieurs jours dans de l'eau, s'eft trouvé très-bon & fort dur quelques années après. C'eft pourquoi on remarque que dans une bâtiffe faite pendant les chaleurs de l'été & continuée l'automne, les mortiers fe font trouvés beaucoup plus durs dans cette partie que dans celle qui avoit été faite plutôt.

7°. Toutes ces réflexions font néceffaires pour qu'on n'attribue pas trop légérement à la mauvaife qualité de la Chaux le peu de dureté des mortiers.

On pourroit dire encore beaucoup de chofes fur les mortiers; mais elles feroient étrangeres à l'Art du Chaufournier que M. Fourcroy a traité avec toute la méthode, la clarté & l'exactitude poffible.

EXPLICATION DES FIGURES.

FIGURES DES FOURS A CHAUX A GRANDE FLAMME.

Les Figures 1, 2, 3, *Planche I*; 4, *Pl.* II; 5, 6, 7, *Pl.* III; 8 & 9, *Pl. IV* font relatives à la fabrication de la *Chaux âpre* de Lorraine.

156. *Fig.* 1. *Pl. I.* Outils propres aux fours à *Chaux âpre*, & aux carrieres d'où l'on tire la pierre propre à donner cette chaux.

Outre la maſſe de fer *B* pour briſer les pierres trop groſſes, le pic-à-roc *C* pour les dégager du tuf, & la pelle à terres ordinaire ou eſcoupe *D* ; l'outil particulier de ces carrieres eſt un levier à bourrelets *A*, de diverſes longueurs & forces. On voit l'uſage des bourrelets *a* de ce levier à la *Fig.* 3.

Il ne faut au Chaufournier que des marteaux à tranches *E*, pour tailler & préparer les pierres du fourneau & de ſon entrée (*N*ᵒˢ. 24, 25, 26,) : une longue fourche de fer emmanchée de bois *G*, pour attiſer le feu : un rolle de fer *H*, emmanché de même, pour tirer la braiſe quand la chaux eſt faite ; & quelques mannes ou paniers *F*, qui ſervent à meſurer la chaux.

Fig. 2. Coupe verticale d'une des carrieres d'où ſe tire la pierre noire, propre à faire la *Chaux âpre* de Lorraine (*N*ᵒ. 9.).

On voit en *A* les lits ou bancs de bonne pierre, ſéparés les uns des autres par des lits *B* de terre ou de tuf. On a figuré dans la partie *C* en perſpective le deſſus d'une portion de banc mis à découvert, pour faire entendre comment toutes les pierres par leur lit forment une eſpèce de pavé de grands carreaux.

Fig. 3. Travail principal du carrier, pour ébranler & détacher les pierres de leur lit dans la carriere, ſuffiſamment expliqué au Nᵒ. 12.

Fig. 4. *Pl.* II. Plan à vue d'oiſeau de la diſpoſition de ſix fours à *Chaux âpre*, pour une grande exploitation. *A B*, *C D*, ſont les lignes ſur leſquelles ſont coupés les profils repréſentés par les figures ſuivantes. *E'*, *E'*, &c. ſont les fours eſpacés convenablement entre eux, ſur un tertre (*N*ᵒ. 15) que l'on a iſolé tout autour, pour en détourner les eaux de pluie, en y laiſſant deux rampes *M*, pour que les voitures puiſſent y monter. Le four *G* eſt totalement chargé, & entouré de ſes abri-vents *F* (*N*ᵒ. 31). Le four *E'*, n'eſt qu'en partie chargé. On voit en *I* la poſition de trois bûches dreſſées de chaque côté dans l'intérieur du four (*N*ᵒ. 41), pour obliger le feu à ſe porter vers les flancs. *H*, hangars, ou appentis dont la toîture eſt portée d'une part ſur les poteaux *O*, & de l'autre ſur le ſommet *P* du talus de la berge. Sous ces han-

gars

gars font les gueules Q des fours (N°. 22). N auge de maçonnerie dans laquelle on détrempe l'argille, & on conferve l'eau néceffaire aux ouvriers.

Fig. 5. Pl. III. Plan à vue d'oifeau, & plus en grand, de l'un des mêmes fours totalement chargé. F, les abri-vents. G, les joints du pied de la calotte du four, nommés les *creneaux* (N°. 28.). H, les joints de la furface de cette calotte, qui doivent être formés d'argille. I, les *tuileaux*. K, pofition des pierres nommées *la cheminée* (N°. 29.).

Fig. 6. Coupe verticale fuivant la ligne A B des Figures 4 & 5. Quoique cette coupe paffe par le centre du four, & par conféquent fort en arriere de la gueule Q, on y a cependant repréfenté cette gueule en A avec fes deux ouvertures; celle B, par laquelle on jette le bois dans le four, & celle C, par laquelle on en retire la braife (N°. 21). D, l'intérieur du fourneau, dont on voit le parement, ainfi que l'arrangement de fes pierres fur leur lit (N°. 24). E, bûches dreffées fur les flancs du four, & diftribuées comme en I de la Figure 4. L, maçonnerie qui revêtit la partie fupérieure de l'encuvement du four (N°. 19). Les autres lettres de cette Figure F, G, I, K, expriment les objets indiqués par les mêmes lettres dans la Figure 5.

Fig. 7. Coupe verticale fuivant la ligne C D des Figures 4, 5. A le fourneau. B, l'entrée du fourneau. C, la galerie de la gueule du four. D, la gueule du four, divifée en fes deux ouvertures E & F. G, l'appentis ou hangard. H, l'épaiffeur des terres fur le devant du four. I, maçonnerie en furplomb du haut de l'encuvement. L, longues pierres plates qui forment les voûtes du fourneau & de fon entrée. K, arrête qui fe forme à la rencontre des voûtes du fourneau & de fon entrée. M, emplacement des menus éclats. N, emplacement des plus groffes pierres. G, les *creneaux*. P, la cheminée. Q, les tuileaux. R, les abri-vents. S, la largeur de la plate-forme au fommet du four, avec la petite pente qu'elle doit avoir pour l'écoulement des eaux de pluie.

Fig. 8, 9, Pl. IV. Plan particulier, & coupe verticale du bas d'un four à peu-près femblable aux précédents, pour faire voir l'arrangement que l'on donne au bois (N°. 37) en croifant plufieurs longs morceaux fur d'autres plus courts, & inclinant ceux-ci de façon qu'ils ne foient pas abfolument couchés dans le fourneau. T, V, pan coupé dans les terres du côté de la gueule du four, fur lequel s'appuie la voûte de l'entrée du fourneau (N°. 18). Les autres lettres de ces deux Figures font relatives à l'explication de la Figure 7.

Les Figures 10, 11, 12, Pl. IV. font relatives à la fabrication de la Chaux de Toulon: elles font tirées, ainfi que leur explication, des lettres & croquis de M. le Chevalier de Vialis (N°. 56).

Four à Chaux de Provence.

157. *Fig.* 10. Plan du four coupé au niveau de sa gueule. *A B*, & *E F*, sont les lignes de la coupe verticale & de l'élévation du four, exprimées par les Figures suivantes.

Fig. 11. Coupe verticale du four, passant par sa gueule, suivant la ligne *A B* du plan.

Fig. 12. Elévation du four du côté de sa gueule, suivant la ligne *E F* du plan.

Construction de ce Four.

On voit par ces Figures que ce four a son pied enfoncé d'environ 8 $\frac{1}{3}$ pieds dans le terrain naturel, & qu'il s'éleve d'environ 7 $\frac{1}{4}$ pieds au-dessus du terrain quand il est achevé, sur un diametre total de 18 à 19 pieds.

En applanissant le sol ou âtre du four *h i*, on y pratique un renfoncement *h, c d*, d'un pied plus bas en *c d*, qu'en *c h*, pour y retirer les cendres avec un rable de fer, à mesure que le bois se consume.

Tout le devant, & le pourtour extérieur du four *g* au-dessus du terrain naturel, sont maçonnés en pierres & argille sur environ un pied d'épaisseur. Lorsque la charge du four est arrivée au niveau du terrain, on laisse entre cette maçonnerie & la pierre à calciner un intervalle de 18 pouces *f*, que l'on remplit d'argille bien battue lit par lit. Sur le devant du four on prend quelquefois la précaution de placer deux étages de traverses de bois *k*, portées chacune sur deux crochets aussi de bois, qui sont engagés & retenus dans la maçonnerie; de peur que cette partie du four, qui présente beaucoup plus de hauteur extérieure que tout le reste, ne soit soufflée ou dérangée par l'action du feu. On ne donne à sa gueule *a*, que 18 pouces de hauteur & de largeur.

Produit & dépense de ce Four.

158. Un tel four contient 8 toises cubes de pierres à chaux, qui exigent pour leur calcination 2500 fagots du poids de 70 à 80 livres chacun, poids de marc. Il rend ordinairement 80 muids de chaux vive, pesant 1600 livres le muid ; ou 80 muids de chaux éteinte, de 36 pieds cubes le muid. Le muid de chaux éteinte qui pese de 40 à 42 quintaux, se vend à Toulon, 7 liv. depuis long-temps ; & suivant les détails qu'en a fait M. le Chevalier de Vialis, peut revenir aux Chaufourniers à 6 liv. éteinte au pied du four. On peut conclure de ces données que le muid de chaux vive contient environ 15 pieds cubes de chaux sans vuides, en la supposant de 106 à 107 livres le pied : que cette chaux rend en cube quand elle est éteinte environ 2 $\frac{1}{3}$ pour un ; qu'il y a près d'un quart de déchet sur la pierre qui entre dans l'intérieur de ce four: & que le pied cube de chaux vive mefurée en menus morceaux, ne revient à Toulon qu'à environ 4 fols. J'ai fouvent éprouvé ailleurs qu'un panier de deux pieds cubes de vuide ne contient qu'environ un pied cube de chaux vive fans vuides.

La Chaux fe vend éteinte en Provence.

159. « Les Chaufourniers de Provence ne font aucun établiffement per-
» manent: ils tranfportent leur attelier çà & là, à portée des bois dont ils
» peuvent faire ufage, attendu la rareté des bois dans cette Province. On a
» remarqué autrefois que cette tranfplantation des Chaufourniers les rendoit
» fujets à charger leurs fours de pierres qu'ils ramaffoient autour d'eux fur la
» fuperficie de la terre, pour s'épargner les frais d'ouvrir & de fouiller des
» carrieres ; (abus qui n'eft que trop commun par-tout ailleurs), & que ces
» pierres qui font reftées long-temps à l'air ou au foleil, donnent une chaux
» qui foifonne beaucoup moins que celles extraites d'une profonde carriere
» (N°. 34): on a fait des effais de celle-ci. Après avoir conftaté la quantité
» de chaux bien éteinte que rend une quantité donnée de ces bonnes pierres
» bien calcinées, on a reglé que la chaux fe vendroit éteinte à raifon de 36
» pieds cubes pour un muid. Les Chaufourniers la confervent dans des foffes,
» dont il eft facile & d'ufage de toifer le vuide, après que l'on en a tiré la chaux
» éteinte *.

Ce fage réglement de la Provence peut fournir réponfes à toutes les objeĉtions que l'on pourroit faire contre mes réflexions (N°. 148) fur la néceffité d'introduire le même ufage par-tout.

Les Figures 13, 14, 15, 16, 17, Pl. V; 18, 19, Pl. VI, *font relatives aux fours à chaux dans lefquels on brûle du bois à Mézieres, à Sédan, & fur la frontiere de Champagne. Ces Figures font des Deffeins de M. Dumoulin (N°. 57).*

Four à Chaux de Champagne.

160. *Fig.* 13. Plan à vue d'oifeau de la difpofition totale d'un four à chaux placé dans un tertre naturel ou faĉtice.

Fig. 14. Coupe verticale de ce four paffant fur fa gueule, fuivant la ligne *A B* du plan.

Fig. 15. Plan détaillé du pied du four, pour faire voir la difpofition des montants de charpente qui fervent à porter le cintre fur lequel on voûte le four en le chargeant.

Fig. 16. Plan du deffus du four coupé au-deffous de fon couronnement,

* On fait à Toulon de la chaux d'une efpece de marbre qu'on nomme *pierre froide*. Elle eft excellente, fur-tout dans l'eau.

pour faire voir le nombre & la difpofition des bûches qui pénetrent la maffe des pierres à calciner.

Fig. 17. Elévation de la gueule du four, pour faire voir fon berceau.

Fig. 18. *Pl. VI.* Coupe verticale & détaillée du four, fuivant la ligne *A B* des plans (*Fig.* 13, 15, 16), par laquelle on voit la difpofition du cintre de charpente chargée de fagots, fur lequel on conftruit la voûte, & la pofition verticale des bûches qui lardent le maffif de la pierre.

Fig. 19. Autre coupe fuivant la même ligne qui fait voir l'intérieur du four entiérement chargé, recouvert d'argile, & garni des fagots par le feu defquels on fait fuer le four.

Les mêmes lettres de renvoi font communes à plufieurs de ces figures. *C,* tertre de terre dans lequel eft creufé l'emplacement du four. On monte à fon fommet par la rampe *L. D,* autre rampe fervant d'accès à la gueule du four. *E, Fig.* 14, gueule du four, ou petite gallerie, dont on voit l'élévation à la Figure 17. *F,* appentis au-deffus de l'entrée du four. Ce n'eft qu'un plancher portant par fes extrémités fur les revêtements de la rampe *D,* & recouvert de terres battues en talus, pour rejetter les eaux de pluies loin de la gueule du four. *G,* maçonnerie de moëllons, dont eft conftruite toute la partie du four qui ne reçoit pas immédiatement l'action du feu. *H,* maçonnerie d'une demi-brique d'épaiffeur, qui forme le parement intérieur du four. « La » maçonnerie des anciens fours étoit entiérement de moëllons: mais la pierre » ordinaire du pays étant de la nature de l'ardoife, on a remarqué qu'elle s'é- » chauffe difficilement, eft fujette à de fréquentes dégradations, & qu'il fal- » loit lui préférer la brique ». *I,* pavé de pierres dures, qui forme l'âtre du four. *K,* banquette qui regne autour du pied du four, excepté fur la largeur de la gueule. C'eft fur cette banquette que l'on pofe les premiers vouffoirs de la voûte du four. *M, Fig.* 15, quinconce de pieces de bois ou bûches dreffées pour former un grillage au moyen des pieces croifées N, & O, *Fig.* 18 qui couronnent les montants *M*: fur ce grillage, on arrange des fagots croifés par lits alternatifs *P,* & avec quelques menus bois dont on garnit la furface fupérieure de ce tas de fagots, on acheve de lui donner une forme hémifphérique la plus réguliere que l'on peut, pour fupporter les pendants *R,* ou vouffoirs de la voûte du four. *S,* bûches dreffées entre les pendants de la voûte, & qui montent jufqu'au fommet du four, à travers toute la maffe des pierres dont il eft chargé (*N°.* 41). Ces bûches doivent être faifies par les vouffoirs, de façon que, quand elles feront confumées, la voûte ne puiffe être dérangée par le vuide qu'elles y laifferont. *T, Fig.* 19, enduit d'argile mêlée de paille dont on recouvre la calotte du four. *V,* le feu de ce four. Lorfque le feu arrive au fommet de ce four, on le garantit du vent par des paillaffons.   *Les Figures*

Les Figures 20, 21, Pl. VI; 22, 23, Pl. VII, font relatives au four à chaux décrit dans l'Encyclopédie, dans lequel on ne brûle que des bruyères (N°. 58). Ces Figures font tirées de ce Dictionaire, Pl. d'Agriculture & Economie rustique; ainsi que leur explication, au mot Chaux.

Four à Chaux de l'Encyclopédie.

161. *Fig.* 20, *Pl.* VI. Deux coupes horifontales du four; l'une *A* prife à hauteur de l'âtre, où l'on voit fa gallerie de gueule *C*; l'autre *B*, à l'orifice fupérieur ou débouchement du four.

Fig. 21, Elévation du four, ou vue de ce four du côté de fa gueule *C*.

Fig. 22, *Pl.* VII, Vue du four par un de fes angles, dans laquelle on découvre l'entrée *D* de la gallerie *D E* qui traverfe le deffous de l'âtre.

Fig. 23, Coupe verticale du four par le milieu de fa gueule. On y voit la forme intérieure du four, la difpofition des pierres à chaux, & un Ouvrier qui entretient le feu.

Conftruction de ce Four.

Sur des fondemens folides, qui contiennent un efpace quarré de 12 pieds en tout fens, on éleve la partie de l'édifice nommée proprement *le four*, ou *la tourelle* F G, (*Pl. VII. Fig.* 22), à l'extérieur la tourelle eft quarrée: fes murs doivent avoir une épaiffeur capable de réfifter à l'action du feu; à l'intérieur, la tourelle a la figure d'un fphéroïde alongé *H I K L*, *Fig.* 23, tronqué par fes deux extrémités, de 12 pieds de hauteur; $4\frac{1}{2}$ de diametre au fommet; 9 au milieu de fa hauteur; & 6 au fond, ou fur l'âtre *K L*. On unit la maçonnerie intérieure de la tourelle avec celle des quatre pieds-droits extérieurs, en y faifant le rempliffage convenable. Au centre de l'âtre, on pratique un trou *M*, d'un pied de diametre qui répond au milieu d'une petite voûte *N*, d'environ 4 pieds de hauteur fur 2 de largeur, ouverte par fes deux bouts Nord & Sud *D E*, *Fig.* 20, traverfant toute la maffe du bâtiment, & defcendant au-deffous du niveau du terrain de 6 à 7 pieds. On appelle cette voûte l'*ébraifoir*. Pour avoir accès dans l'ébraifoir, on déblaie des deux côtés à fon entrée fur une pente douce & de largeur convenable, toute la terre qui mafqueroit cette entrée, & on l'éleve en un glacis *O*, *Fig.* 22, qui fert à monter au fommet de la tourelle, c'eft-à-dire, fur la plate-forme *G*. A l'Eft on pratique à la tourelle une petite porte, ou gallerie cintrée *C*, de 5 pieds de hauteur & 2 pieds de large.

Charge de ce Four.

162. Sur l'âtre circulaire *A* de la tourelle, on forme une efpece de voûte

sphérique P, *Fig.* 23, de 6 pieds de hauteur, laiſſant entre chaque pierre un
intervalle de deux à trois pouces; en ſorte que l'intérieur de cette voûte
repréſente groſſiérement les boulins ou pots d'un colombier. Autour de cet
édifice on place d'autres pierres; obſervant de mettre toujours les plus groſſes
& les plus dures le plus près du centre; les plus petites & les plus tendres
ſur d'autres circonférences plus éloignées, & ainſi de ſuite; en ſorte que les
pierres de moindre volume touchent la ſurface concave R de la tourelle.
On acheve le comblement au haut de la tourelle avec des pierres de la groſſeur du poing ou environ. On maçonne enſuite en dehors groſſiérement la
porte de tourelle juſqu'à hauteur d'appui, en ſorte qu'il n'y reſte plus que
le paſſage C d'une botte de bruyères, qui a ordinairement 18 pouces en tout
ſens. On finit ce travail par élever autour d'une partie du débouchement, ſur
la platte-forme du ſommet de la tourelle, une eſpece de mur en pierres ſeches
du côté d'où vient le vent, pour en préſerver l'orifice ſupérieur du four.

Du feu de ce Four.

163. LES choſes ainſi diſpoſées, on brûle un quarteron ou deux de bottes
de bruyeres pour reſſuyer la pierre: cinq ou ſix heures après, on chauffe en
regle. Pour cet effet, le Chaufournier diſpoſe avec ſa fourche Q, ſur l'âtre de
la tourelle K L, une douzaine de bottes de bruyères; il y met le feu, & lorſqu'elles ſont bien enflammées, il en prend une treiziéme qu'il place à la
gueule du four, & qui la remplit exactement. Le feu, pouſſé par l'action de
l'air extérieur qui entre par les portes D de l'ébraiſoir N, & qui ſe porte dans
la tourelle par la lunette M pratiquée au centre de l'âtre, ſaiſit la bourée C
placée ſur la gueule du four, coupe ſon lien, & l'enflamme. Alors le Chaufournier la pouſſe dans l'âtre avec ſa fourche, l'éparpille, & en met une autre,
ſans interruption de mouvement, à l'embouchure du four qu'elle ferme comme la précédente. Le feu l'atteint bientôt; & la même manœuvre ſe répete
& continue ſans ceſſe de la part du Chauffeur & de ſon camarade qui le
relaie, pendant douze heures ou environ, juſqu'à ce qu'ils ayent conſommé
12 à 1500 bottes de bruyères.

Signes de la calcination, (N°. 43).

164. ON connoît que la chaux eſt faite, quand il s'éleve au-deſſus du débouchement de la plate-forme H I, un cône de feu de 10 à 12 pieds de
haut, vif, & ſans preſqu'aucun mélange de fumée; & qu'en examinant les
pierres, on leur remarque une blancheur éclatante.
Alors on laiſſe refroidir le four. Pour cet effet, on monte ſur la plate-forme,
on étend des gaules ſur le débouchement, & on répand ſur ces gaules quel-

ques bourées. Lorfque le four eft froid, on en tire la chaux, &c. (Ce paffage me paroît obfcur, faute d'expliquer en quoi ces gaules & bourées fur l'orifice fupérieur d'un four fi chaud, contribuent à le *laiffer* refroidir).

Obfervations, tirées du même article Chaux.

165. 1°. Quand il fait un peu de vent, que l'air eft un peu humide, la chaux fe fait mieux que par de grands vents & des pluies. Apparemment la chaleur fe conferve mieux alors, la flamme fe répand par-tout plus uniformément, ne s'éleve point au débouchement avec tant de violence ; ou peut-être même par quelqu'autre caufe plus fecrete.

2°. Les bourées trop vertes nuifent à la cuiffon & à la qualité de la chaux.

3°. Le Chauffeur doit avoir la plus grande attention à élancer de la bouche du four fa bourée enflammée au milieu de l'âtre, & à l'éparpiller avec une fourche de 10 pieds de tige de fer portant un manche de bois de 18 pouces. Si plufieurs bourées s'arrêtoient d'un même côté, il pourroit arriver que toute une partie de la fournée fe *brûleroit* (N°. 145) ; qu'une autre partie ne feroit qu'à moitié cuite, & qu'il en réfulteroit un grand dommage pour le Maître.

4°. Le feu que l'on entretient dans ce four eft très-violent. Le foin qu'on a de boucher la gueule du four avec une bourée, le concentre & le porte en haut : il blanchit le fer du fourgon en quatre à cinq fecondes. Il écarteroit avec fracas les murs du fourneau, s'ils étoient trop légers.

5°. Il faut que le feu foit pouffé fans intermiffion (N°. 42), fans quoi la fournée feroit perdue, du moins au témoignage de Paliffy. Cet Auteur raconte que, paffant par les Ardennes, il trouva fur fon chemin un four à chaux dont l'ouvrier s'étoit endormi au milieu de la calcination ; & comme il travailloit à fon réveil à le rallumer, Paliffy lui dit qu'il brûleroit toute la forêt d'Ardenne avant de remettre en chaux la pierre à demi-calcinée. (Je crois qu'il faut fous-entendre ici la fuppofition de conferver à cette pierre fon même arrangement dans le four : je ne connois aucune expérience qui prouve qu'une pierre calcaire puiffe ceffer de l'être par une demi-calcination).

6°. La chaux fera bien cuite fi la pierre eft devenue d'un tiers plus légere après la calcination qu'auparavant (N°. 50) ; fi elle eft fonore quand on la frappe, fi elle bouillonne immédiatement après avoir été arrofée. . . . .

7°. Cette maniere de faire la chaux n'eft pas la feule en ufage. . . . .

8°. Il faut creufer un puits aux environs du four pour le befoin des Ouvriers, pour la maçonnerie de la tourelle, en cas d'incendie : un grand vent peut rabattre le cône de feu (N°. 164.) fur les bourées S, & les enflammer.

9°. Les Chaufourniers allument du feu avec la chaux affez commodément :

68 *ART DU CHAUFOURNIER.*

ils en trempent dans l'eau une pierre groſſe comme le poing : quand elle commence à fumer, ils la couvrent légérement de pouſſier debruyeres, & ſoufflent ſur la fumée juſqu'à ce que le feu paroiſſe.

(On trouve encore dans l'Encyclopédie, entre les deſſeins relatifs à l'Architecture (*Pl. 7 & 8 de la maçonnerie*), trois Figures d'un autre four à chaux que je ne connois point du tout, & dont l'explication ſe trouvera apparemment au mot *Maçonnerie*).

Les Figures 24, 25, Pl. VII; 26, 27, Pl. VIII, ſont relatives aux fours à chaux ordinaires en Alſace, qui ſont intérieurement de forme cubique (No. 59.).

Fours à Chaux d'Alſace.

166. *Fig.* 24. Plan du bas d'un four établi entre pluſieurs autres, pour une grande exploitation.

Fig. 25. Coupe verticale du four après qu'il eſt chargé, paſſant ſur la longueur d'un de ſes foyers & de ſa gueule.

Fig. 26. Coupe verticale du four chargé, paſſant en travers de ſes deux foyers.

Fig. 27. Elévation du four vu par le côté de ſes gueules.

A, Gueules ou entrées du four. *B*, Pierres à chaux dont il eſt chargé. *C*, Foyers & voûtes, plus élevées de ſix pouces en *d*, *Fig.* 25, vers le derriere du four, qu'en *c* du côté des gueules (No. 62.), & ſous leſquelles ſe fait le feu. *D*, derriere du four adoſſé contre les terres. *E*, le devant du four du côté des gueules. *F*, ſéparations entre les fours accolés les uns près les autres. *G*, Banquettes ſur leſquelles s'arrangent les premieres pierres à chaux de la charge du four. *I*, couche d'argille qui recouvre la charge.

Les Figures 28, 29, Pl. VIII; 30, Pl. IX, ſont relatives aux fours à chaux des environs du Fort-Louis du Rhin, & ſont des deſſeins de M. Artus (No. 70).

Fours à Chaux du Fort-Louis du Rhin, à double uſage.

167. *Fig.* 28. Plan du bas de ce four.

Fig. 29. Coupe verticale du four traverſant les foyers, par laquelle on voit l'arrangement des pierres & briques dont il eſt chargé, & le détail de la charpente du hangar qui le couvre.

Fig. 30. Elévation du four du côté des gueules.

A, *B*, *C*, Gueules, & foyers ou fourneaux qui leur répondent. *D*, *Fig.* 29 & 30, Retraites ou banquettes au ſommet extérieur de la maçonnerie tout autour du four, ſur leſquelles on dépoſe la brique ou la tuile quand elle eſt cuite. *E*, Porte voûtée, ſervant à communiquer dans le four plus commodément

ment que par les gueules, pour fa charge & décharge. Cette porte demeure fermée de maçonnerie pendant que le feu fubfifte. F, efpace qui regne autour du four, entre fa maçonnerie & les poteaux extérieurs de fon hangar.

FIGURES DES FOURS A CHAUX A PETIT FEU.

Les Figures 31, 32, 35 & 36, Pl. IX; 33, 34, 37, Pl. X. *font relatives aux fours à Chaux nommés* Fours coulants, *ufités en plufieurs Provinces* (N°. 85).

Fours à Chaux de la Flandre Maritime.

168. *Fig.* 31. Plan à vue d'oifeau d'un moyen four de cette efpece, élevé en rafe campagne. On a fupprimé dans cette Figure une partie de fa rampe *A*.

Fig. 32. Plan du four coupé au niveau du cendrier, pour faire voir le tracé de fes maçonneries.

Fig. 33. *Pl. X.* Elévation de ce four prife en face de l'une de fes gueules.

Fig. 34. *Pl. X.* Profil ou coupe verticale de ce four paffant par une de fes gueules avec fa galerie d'entrée, fuivant la ligne *TV* des Figures 31, 32.

Fig. 35. *Pl. IX.* Plan détaillé du pied de ce four coupé au niveau des cintres de fes trois gueules, pour faire voir la conftruction de fon grillage.

Fig. 36. *Pl. IX.* Lance du Chaufournier, avec laquelle il plonge entre les pierres dont le four eft chargé (N°. 99.). C'eft une barre de fer de 7 à 8 pieds de long, pointue par un bout, & tournée en anneau par l'autre bout qu'ils appellent *l'œil* de la lance. Il convient que le Chaufournier en ait une autre de 4 à 5 pieds feulement de longueur pour s'en fervir lorfqu'il ne s'agit que de retourner les pierres de la furface du four (N°. 105).

A, Rampe pour monter fur la plate-forme *P*, autour de l'orifice fupérieur du four. *B*, Bords fupérieurs du cône renverfé du four. *C*, Bords inférieurs de cet entonnoir. *D*, Galeries voûtées pour arriver aux gueules. *E*, Barre de fer qui traverfe l'orifice inférieur de l'entonnoir, ou le deffus du cendrier. *F*, Gueules du four. *G*, Le cendrier. *R*, Revêtements du four.

A la Figure 34, on a repréfenté un petit fapin, ou perche *S*, que le maçon dreffe en terre au centre du four, pour y attacher une regle tournante, qui lui fert à régler le talus intérieur de l'entonnoir. Cette regle *a* eft fixée par deux cloux fur les deux autres *b*, qui portent chacune un collet de fer mince *c* paffé dans le fapin, & s'y foutiennent à hauteur convenable au moyen de deux anneaux en confoles *d*.

A la Figure 35, outre la barre de fer *E*, fcellée dans la maçonnerie, & les autres barres *e* pareillement fcellées qui traverfent chacune des gueules; on a auffi repréfenté les barreaux volants *f*, avec lefquels le Chaufournier forme à volonté le grillage (N°ˢ. 87, 103, 109,).

CHAUFOURNIER. S

Fig. 37. Elévation de la gueule du four *F*, pour faire voir les deux barres *e* & *i*, dont la premiere traverse la gueule, & la seconde *i* porte le cintre de cette gueule. On y voit aussi les gonds *h* de la porte de tôle dont j'ai fait fermer les gueules d'un pareil four. (*No.* 97.).

Les Figures 38, 39, Pl. X. *sont celles d'un four à chaux de la même espece des environs de Valenciennes, creusé dans un tertre. Le pied de ce four est entouré d'une galerie souterraine avec magasin* (No. 88.). *Ces Figures & leur explication m'ont été envoyées par M. de Ramsault de Raulcourt, Ingénieur ordinaire du Roi, Directeur des Fortifications de Champagne, Commandant à Mézieres & Charleville, & en chef aux Ecoles Royales de Génie, ci-devant Ingénieur en chef à Valenciennes.*

Fours à Chaux de Valenciennes.

169. *Fig.* 38. Plan du four à chaux pris au niveau du grillage.

Fig. 39. Coupe verticale du four, prise suivant la ligne *a b* du plan.

A, Galerie circulaire autour du pied du four. *B*, Galerie rampante, par laquelle on descend au pied du four. *c d*, Galerie rampante plus étroite que celle *B*. Cette seconde galerie ne sert que pour la circulation de l'air dans le souterrain : on l'ouvre ou on la ferme plus ou moins, selon que l'on veut donner plus ou moins de tirage au feu du four. *D*, Magasin où l'on dépose la chaux fabriquée. *Z*, Le cendrier. On voit ici un grillage formé de trois barres fixes *f*, qui gênent souvent le tirage de la chaux. (*No.* 109.).

Les Figures 40, 41, Pl. XI; 42, 43, 44, Pl. XII; 45, 46, Pl. XIII, *sont relatives aux fours à chaux de Tournai; elles sont des Desseins de M. Durand* (No. 123). *Leur explication est aussi tirée en grande partie de ses Lettres.*

Fours à Chaux de Tournai.

170. *Fig.* 40. Plan à vue d'oiseau de la disposition de deux grands fours accollés, pour une exploitation annuelle & marchande.

A, Le dessus ou terre-plein d'un tertre élevé d'environ 30 pieds au-dessus du terrain *B*, qui est un grand chemin. Tout le devant de ce tertre est soutenu par un bon revêtement *G*, & par plusieurs contreforts *H* : *I*, l'orifice supérieur du plus grand des deux fours, représenté plein de pierres à chaux. *K*, L'orifice supérieur du moindre des deux fours représenté vuide ; ensorte que l'on y voit le plan *L* du massif qui est au centre de son orifice inférieur. *M*, Petits bouts de murs contre lesquels on fait des amas de houille pour la consommation journaliere des fours.

Fig. 41. Plan des deux fours, coupé au niveau de leurs gueules, pour faire voir toute la disposition des souterrains & magasins qui y sont pratiqués.

Chacun de ces fours a huit gueules *N*, vers lesquelles la chaux en tombant du four est renvoyée par le petit massif *L*, qui occupe le milieu du cendrier

(N°. 123). O, Magafins. P, Galeries. Q, Barraque pour un Commis.

Fig. 42. *Pl. XII.* Elévation du devant du tertre, ou de l'entrée des fouterrains des deux fours.

Fig. 43. Coupe verticale des deux fours paffant par la ligne ponctuée C D de la Figure 41.

R, Contre-forts qui foutiennent la maçonnerie de la chaudiere du four.

Fig. 44. Autre coupe verticale paffant par la ligne ponctuée E F de la Figure 41.

Cette coupe ne traverfe pas le four K, mais fait voir fa maçonnerie par l'extérieur & en élévation, avec trois des contre-forts R qui le foutiennent. C'eft de cette forme extérieure de l'entonnoir du four, que les Ouvriers ont tiré le nom de *chaudiere* qu'ils donnent à toute la partie du four au-deffus du cendrier.

Fig. 45. *Pl. XIII.* Coupe verticale & particuliere du plus grand des deux fours en partie chargé, relative au détail de fon foyer, & à la maniere d'y mettre le feu.

Lorfque les gueules du four H ont été fermées de groffes pierres, & tout le bas du four rempli de pierres E fans houilles, on y forme un encuvement D G de 30 pouces de profondeur, dans lequel on couche un lit de paille G d'un pied, & un lit de fagots D. Sur les fagots, on pofe des morceaux de gros bois bien fec F, efpacés entre-eux tant plein que vuide : on charge ceux-ci d'une bonne voiture de bois fendu très-fec mêlé de 30 fagots déliés : puis on place un nouveau lit de paille C d'environ dix-huit pouces, recouvert de houille. C'eft à cette derniere paille qu'aboutiffent les deux communications A & B par lefquelles on allume le feu, & qui traverfent trois charges de pierres I, & deux charbonnées L, K, dont le foyer eft recouvert. Ces communications A & B font formées de bûches de quartier, ou gros bois fendu, dont la rencontre par leur plat fait un auget de 8 à 9 pouces en quarré. Les Ouvriers rempliffent cet auget de paille entaffée pendant l'arrangement des charges & charbonnées, afin que les bûches ne puiffent fe déplacer jufqu'à ce qu'elles foient bien affermies par la rencontre & l'appui des pierres : alors ils retirent cette paille, & avec des torches allumées ils portent directement le feu au lit de paille C, manœuvre qui demande de l'habitude pour ne pas fe brûler les bras (N°. 126). Dès que la paille C, eft enflammée, on jette une bûche dans chaque communication A & B, & on la recomble jufqu'au fommet avec des pierres & de la houille. Après que le feu s'eft bien diftribué dans tout le foyer C F D G, & a enflammé les charbonnées fupérieures L, K, il eft temps de continuer la charge du four.

Fig. 46. Outils dont on fe fert aux fours à chaux de Flandre.

A, Manne, ou panier à tranfporter la chaux, & qui fert ordinairement à

la mesurer pour le débit. B, Pelle de fer emmanchée de bois. C, Marteau à
casser la pierre dure: il a un côté en tranchant arrondi fort mousse, & de
l'autre une tête plate. D, tisonniers des fours à chaux de Tournai. On voit
par la forme de cet outil, dont le fer n'a pas plus de 24 à 30 pouces de long,
que les Chaufourniers de Tournai ne s'en servent qu'à retourner les pierres.
Ils ne sont pas dans l'usage d'y plonger, comme on le fait ailleurs avec la
lance (N°. 99): le gros massif des pierres de ce four ne permettroit pas cette
manœuvre; & d'ailleurs les pierres étant plus grosses dans les fours à chaux de
Tournai que dans les autres de Flandre, le feu trouve apparemment toujours
assez d'issue entre-elles.

Les *Figures* 47, Pl. XIII; 48, Pl. XIV, *font relatives aux fours à chaux cylindriques, où l'on brûle du charbon de bois, dans les environs de Mézieres & Sédan*
(N°. 132). *Elles font des Desseins de M. Dumoulin.*

Fours à Chaux cylindriques.

171. *Fig.* 47. Plan de ce four au niveau de sa gueule. C'est un massif de
maçonnerie quarré de 10 pieds en tout sens, au milieu duquel on laisse un
cylindre vuide de 4 ½ pieds de diametre.

Fig. 48. *Pl. XIV.* Coupe verticale de ce four passant sur sa gueule, suivant
la ligne B R de la Figure 47.

Les lettres de cette Figure font suffisamment expliquées au N°. 132.

Les *Figures* 49, 50, 51, Pl. XIV, *font relatives à la fabrication de la chaux
en plein air, ou fans l'appareil de la construction d'un four, comme on le pratique aux
environs de Maubeuge* (N°. 135). *Elles font dessinées sur les croquis de M. de
Juzancourt.*

Fours à Chaux de Maubeuge.

172. *Fig.* 49. Plan du terrain préparé pour y arranger la pierre à chaux.

Fig. 50. Coupe verticale des pierres arrangées, passant par la ligne A B
de la Figure 49, & faisant voir le profil du porte-feu a d.

Fig. 51. Coupe verticale passant sur la ligne C D de la Figure 49.

Les renvois de ces Figures font suffisamment expliqués au N°. 136.

Fig 52. *Pl. XV,* un four à chaux du bord du Rhône représenté à vue d'oiseau.
C, intérieur du four. D, élévation au milieu du four. E, plate-forme du haut du
four. F, rampe pour monter sur la plate-forme. G, magasin où on dépose la
chaux au sortir du four.

Fig. 53. Coupe du même four par la ligne A B. Les mêmes objets font indiqués par les mêmes lettres. H, la gueule du four.

Fig. 54. Plan d'un autre four du bord du Rhône où les mêmes objets font représentés par les mêmes lettres, ainsi qu'à la *Figure* 55 qui représente la coupe
de ce même four.   EXPLICATION

EXPLICATION
De quelques Termes employés dans ce Mémoire.

B

BOUZIN. Eſt une incruſtation qui ſe rencontre quelquefois ſur les pierres, & principalement ſur leurs lits. On l'appelle auſſi *fauſſe pierre*; parce qu'ordinairement cette matiere paroît être ou d'une pierre qui n'a pas pris autant de conſiſtance & de *maturité* que celle à laquelle elle ſe trouve attachée, ou d'une pierre d'une autre nature.

C

CENDRÉE. On nomme ainſi la cendre des fours à Chaux qui s'exploitent au feu de houille (*N°*. 110).

CHARBONNÉE. Terme propre aux fours à Chaux & à Briques, où le feu ſe fait avec du charbon ſoit foſſile ſoit factice : c'eſt le lit de charbon renfermé entre deux lits de pierres à Chaux ou de briques.

CHARGE. Une *Charge* ſe dit proprement d'un lit de pierres entre deux *charbonnées.*

CHAUDIERE. Terme particulier aux fours à Chaux de Tournai : c'eſt la partie du four au-deſſus du cendrier (*N°*. 170, *Fig.* 44).

CHAUX aigre. C'eſt celle qui ne *foiſonne* pas, (voyez *Foiſonnement*), & qui n'eſt pas *graſſe.* Voyez *Chaux graſſe.*

CHAUX âpre. C'eſt la Chaux faite avec la pierre noire & coquillere des environs de Metz, Thionville & Biſfche en Lorraine : c'eſt la Chaux qui ſe durcit le plus vîte & le plus fort de toutes les eſpeces que je connoiſſe.

CHAUX brûlée. Lorſqu'il s'agit de Chaux vive, *voyez N°*. 145. Lorſqu'il s'agit de Chaux éteinte, *voyez au N°*. 147.

CHAUX coulée : Chaux que l'on a éteinte dans un baſſin de bois, & fait couler en lait dans une foſſe, pour en ſéparer les parties non-calcinées. Cette préparation de la Chaux eſt eſtimée des Architectes : mais je ne ſçais ſi l'abondance d'eau néceſſaire pour faire couler la Chaux en lait, & qui excede de beaucoup la portion que la Nature lui a proportionnée (*N°*. 151), ne pourroit pas diſſoudre une partie de ſa vertu, qui enſuite s'imbiberoit dans les terres de la foſſe avec cette eau ſurabondante, & feroit autant d'enlevé à la ſolidité des mortiers. Cette queſtion mériteroit des expériences. Voyez *ce qu'en penſe M. de la Lande dans l'Art de faire le Parchemin*, N°. 20.

CHAUFOURNIER.

CHAUX *éteinte* : C'eſt celle qui a été ou fondue avec de l'eau, ou réduite en pouſſiere par l'humidité de l'air ; dans ce dernier cas, on dit qu'elle a été éteinte *par défaillance*, ou qu'elle a *fuſé.* Voyez *Fuſer.*

CHAUX *étouffée* : Chaux que l'on a éteinte avec de l'eau, après l'avoir couverte d'une couche de ſable qui, en laiſſant arriver l'eau ſur la Chaux, empêche la fumée de la Chaux de s'évaporer pendant ſon extinction. Les Architectes font grand cas de cette façon d'éteindre la Chaux.

CHAUX *gardée.* La Chaux ne ſe garde point vive, parce qu'elle tombe toujours en pouſſiere en peu de temps à l'humidité de l'air (*N°*. 148), & qu'alors elle eſt *éteinte.* Ainſi *Chaux gardée* eſt de la Chaux que l'on a éteinte avec de l'eau, & que l'on a conſervée en pâte dans des foſſes bien recouvertes contre les gelées.

CHAUX *graſſe.* On appelle ainſi la Chaux en pâte qui ne laiſſe appercevoir aucuns grains ou grumeaux, & qui reſſemble à du beurre par ſa fineſſe. La Chaux *aigre* eſt celle qui contient dans ſa pâte ſoit des graviers non-calcinables, ſoit des grains de pierres qui n'ont pas été aſſez pouſſés de feu, ou qui n'ont pas eu le temps de fuſer en pâte. C'eſt pour cela que la Chaux *coulée*, de toutes les eſpeces qui ſe coulent, eſt plus *graſſe* que celle de même eſpece qui ne l'a pas été.

CHAUX *retournée* : c'eſt une préparation particuliere à la Chaux âpre de Lorraine pour l'employer (*N°*. 6).

CHAUX *vive* : c'eſt celle qui peut s'échauffer en lui donnant de l'eau, ou tomber en pouſſiere en la laiſſant à l'air.

CHEMINÉES. CRENEAUX. Termes propres aux fours à Chaux âpre de Lorraine. *Voyez* K, G, *Fig.* 5.

D

DÉFAILLANCE. DELIQUIUM. Voyez *Chaux éteinte.*

DRESSÉES. Terme propre aux fours à Chaux cylindriques, où l'on brûle du charbon de bois (*N°*. 132).

E

ECREVISSES. Pierres calcinables qui ont pris au feu une couleur rouge qu'elles conſervent; mais qui, faute d'aſſez de feu, ne ſe font pas calcinées.

T.

EMBRASEMENT du four. On nomme ainsi à Metz le premier feu qui fait fuer le four à Chaux, & toute fa charge.

F

FAUSSE PIERRE. Voyez *Bouzin*.

FOÏER. Partie du four à Chaux où s'allume le premier feu.

FOISONNEMENT : c'eſt le renflement du volume de la Chaux lorſqu'elle paſſe de l'état de Chaux vive à celui de Chaux réduite en pâte. La Chaux de Landrethun (*N°.* 152) rend par ce changement 3 pour 1 ; celle de Toulon (*N°.* 158) ne rend que 2 ½ pour 1, & *foiſonne* par conſéquent moins que celle de Landrethun : elle eſt donc moins économe, parce qu'il en faut plus de celle qui *foiſonne* moins (*N°.* 153), pour faire un mortier d'égale conſiſtance. On croit donc la meilleure celle qui *foiſonne* le plus : mais cette qualité de la Chaux n'eſt relative qu'à l'économie de la bâtiſſe : quant à celle de la ſolidité des édifices, on doit remarquer que la *Chaux âpre* (*N°.* 55) *foiſonne* moins que beaucoup d'autres inférieures en qualité.

FOURS COULANTS. On nomme ainſi en Flandre tous les fours à Chaux dont le feu ne s'éteint point tant que dure la fabrication de la Chaux ; mais deſquels on la tire par le pied du four à meſure qu'elle ſe fabrique, en rechargeant d'autant le four par ſon ſommet.

FOURNEAU. Voyez *Foyer*.

FUSER. On le dit de quelques ſubſtances qui tombent en pouſſiere ; le ſel alcali du tartre ſe fond par la ſeule humidité de l'air ; il devient en liqueur : c'eſt ce qu'on appelle *tomber en deliquium*. Au contraire le ſel alcali de la ſoude tombe en pouſſiere quand on le tient dans un air ſec ; c'eſt ce qu'on appelle *fuſer*. La chaux calcinée ſe réduit d'elle-même en pouſſiere ; ainſi elle *fuſe* : mais c'eſt par une autre raiſon ; car c'eſt l'humidité de l'air qui l'éteint en partie ; car une pierre de Chaux qui a *fuſé* eſt plus peſante qu'elle n'étoit au ſortir du four, au lieu que le ſel de ſoude eſt plus leger quand il a *fuſé* que lorſqu'il étoit en cryſtaux. Quoiqu'on diſe que ces ſubſtances ont *fuſé*, on ne peut pas dire qu'elles ont *entré en fuſion*. Ce terme appartient aux métaux qui ſe liquéfient par le feu.

G

GOULETTES. Terme propre aux fours à Chaux où l'on brûle du charbon de bois (*N°.* 132).

GUEULE : c'eſt l'ouverture d'un four à Chaux par laquelle on peut communiquer à ſon pied.

L

LANCE. Outil des Chaufourniers de Flandre. Voyez *l'explication de la Figure* 36.

M

MANNE. On appelle ainſi les paniers dont ſe ſervent les Chaufourniers pour meſurer la Chaux, & tranſporter leurs matériaux.

MARONS, ou *Noyaux* ; on appelle ainſi le centre ou cœur d'une pierre ſortant du four à Chaux ſans avoir été calciné, quoique le pourtour de la pierre l'ait été.

O

PORTE-FEU. Canal par lequel on enflamme le pied de quelques fours à Chaux.

R

RABLE. Outil de la forme d'un rateau de fer ſans dents, ſervant à retirer la braiſe ou la cendre de quelques fours à Chaux.

RENDAGE. C'eſt le produit quotidien d'un four coulant.

RIGAUX. Voyez *Marons*.

ROCHE. Maſſif plus ou moins gros de pluſieurs pierres qui dans le feu ſe ſont unies les unes avec les autres (*N°.* 142).

ROLLE. Eſpece de fourgon, au même uſage que le *rable*. (Voyez *H*, *Fig*. 1).

T

TIRAGE. On ſe ſert de ce terme pour exprimer l'opération de retirer d'un *four coulant* la Chaux qui eſt faite. On s'en ſert auſſi pour exprimer le courant d'air qui entretient un feu ; en ſorte que d'un four ou fourneau dans lequel le feu eſt toujours bien animé, on dit que ce four eſt d'un bon *tirage*.

TISONNIER. Outil des fours à Chaux de Tournai. (Voyez *D*, *Fig*. 46).

TUILEAUX. Voyez *I*. *Fig*. 5. *Pl. III*.

FIN DE L'ART DU CHAUFOURNIER.

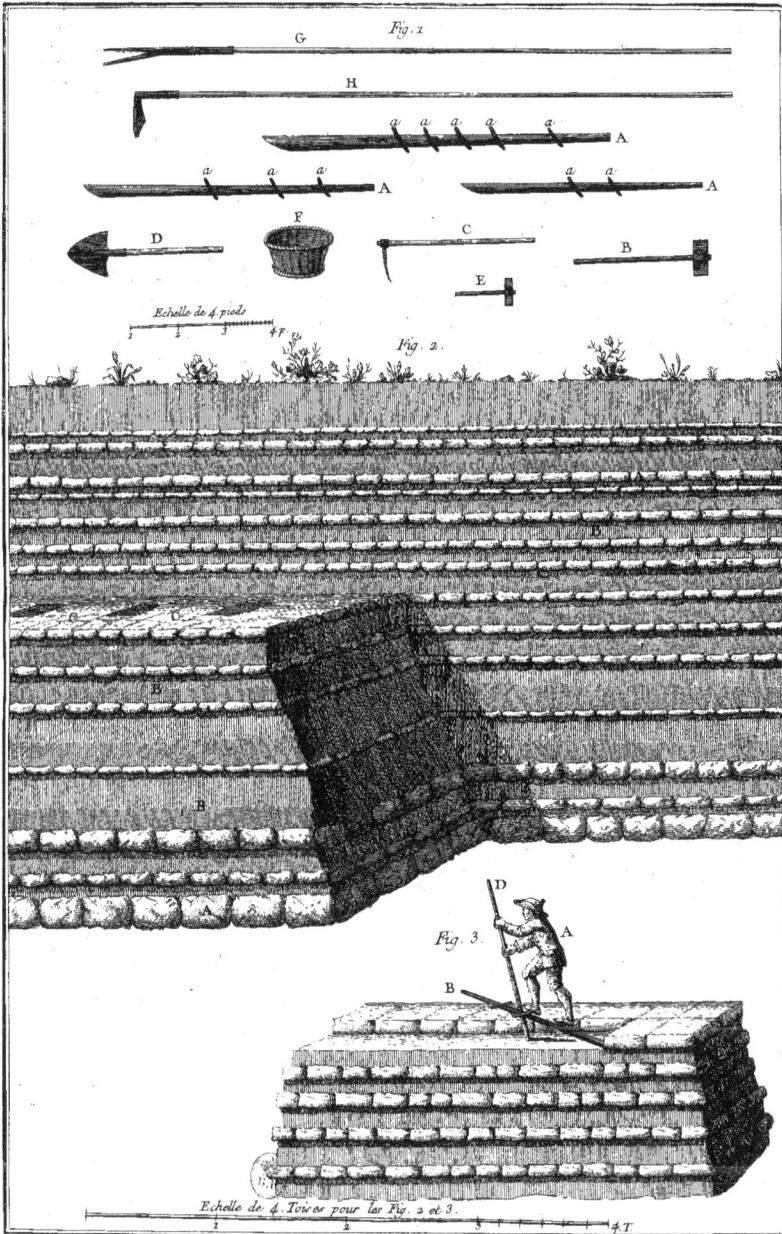

Fig. 1

Fig. 2

Echelle de 4 pieds

Fig. 3

Echelle de 4 Toises pour les Fig. 2 et 3.

Fig. 4.

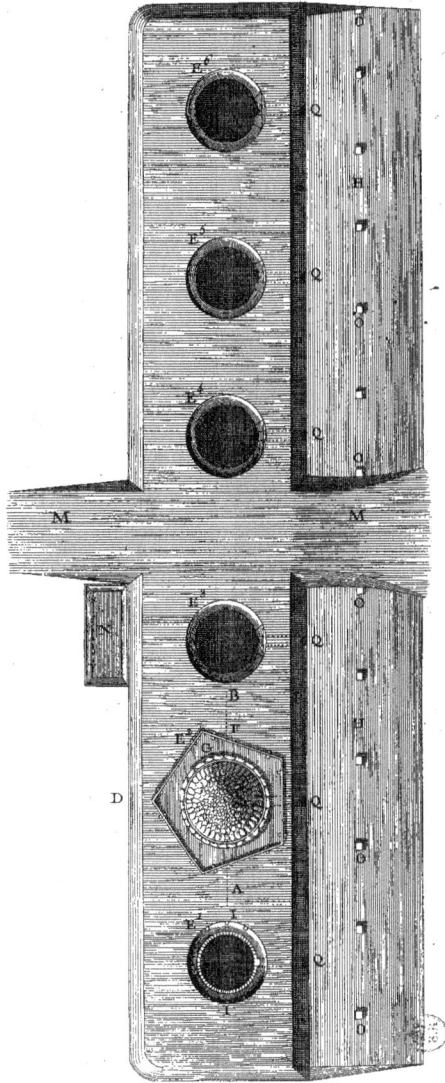

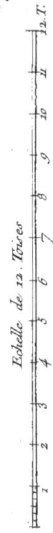

Echelle de 12 Toises

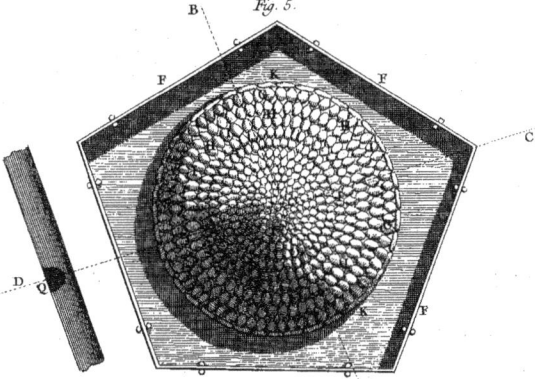

Fig. 5.

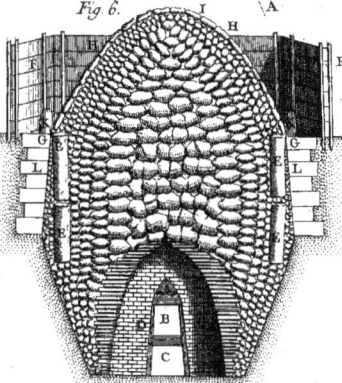

Fig. 6.

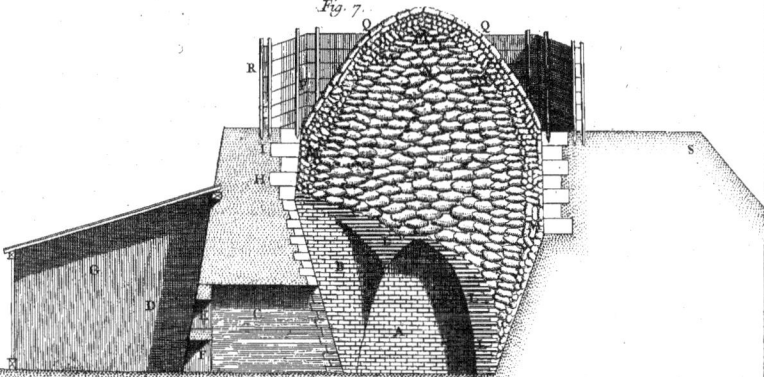

Fig. 7.

Echelle de 3 Toises

Fig. 9.

Fig. 8.

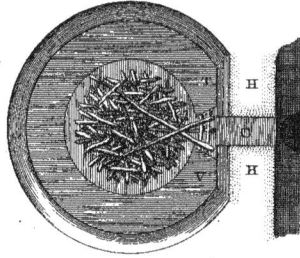

Fig. 10.

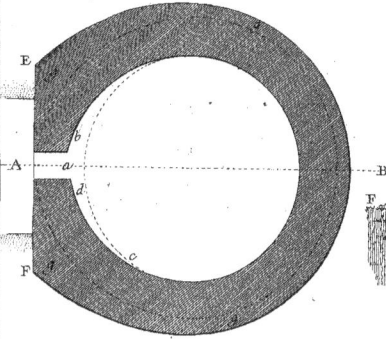

Fig. 12.

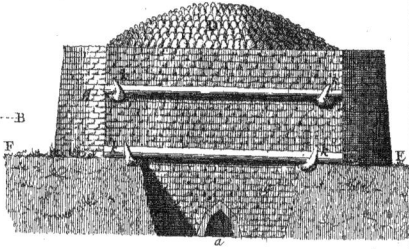

Fig. 11.

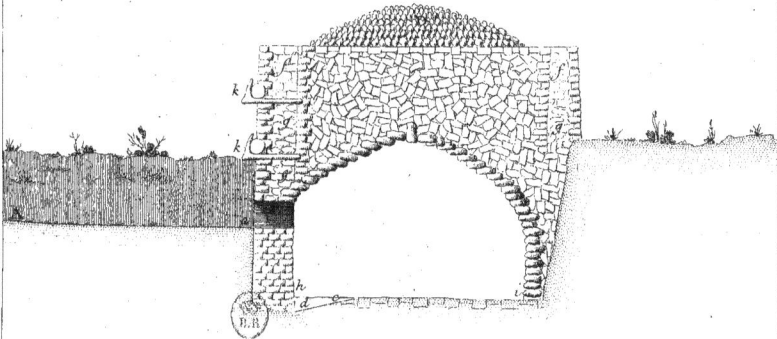

Echelle de 3 Toises.

Fig. 13.

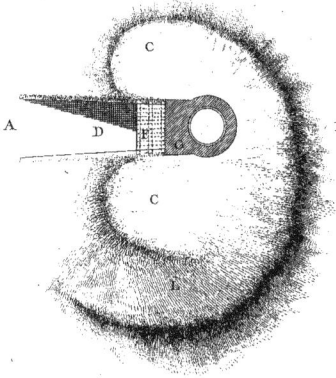

Fig. 14.

Echelle de 6. Toises.

Fig. 17.

Fig. 15.

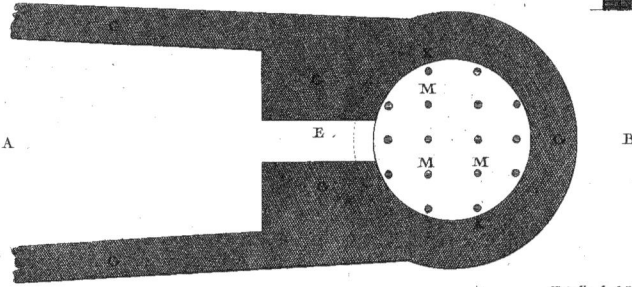

Echelle de 6. Pieds.
Pour les Fig. 15, 16, 17, 18, 19.

Fig. 16.

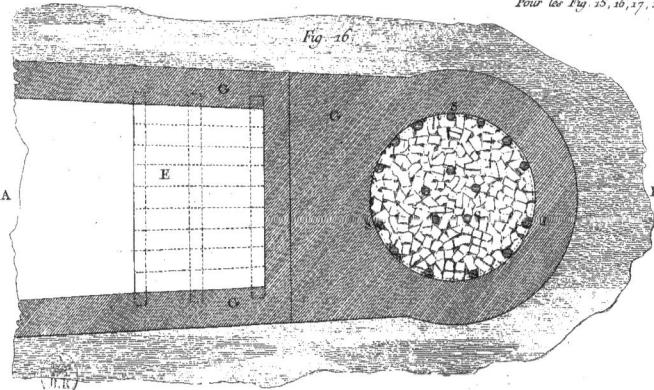

Fig. 18

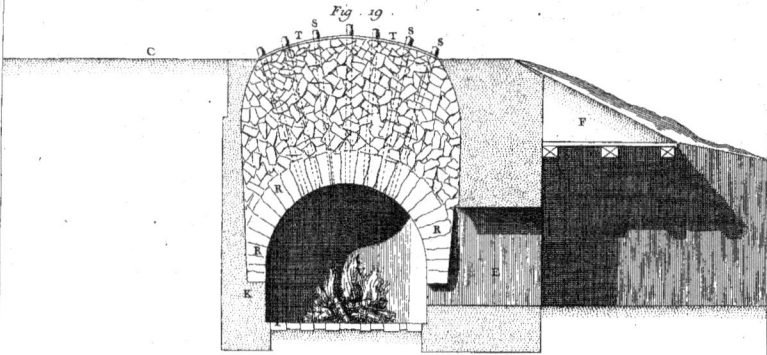

Fig. 19

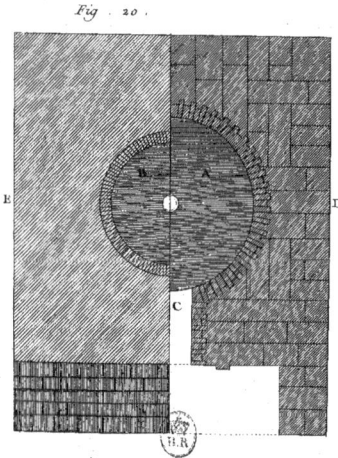

Fig. 20

Fig. 21

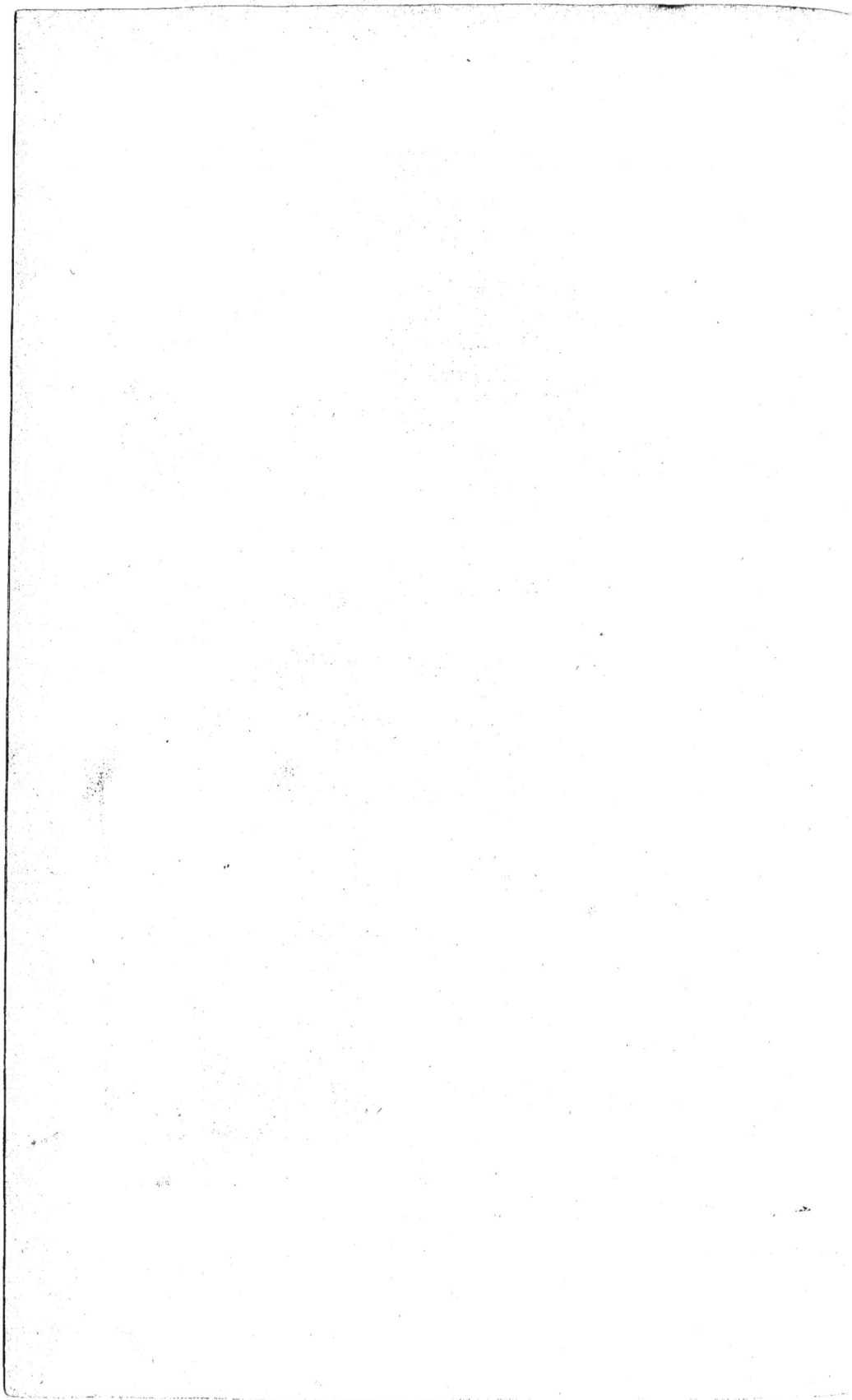

Fig. 22.

Fig. 23.

Fig. 24.

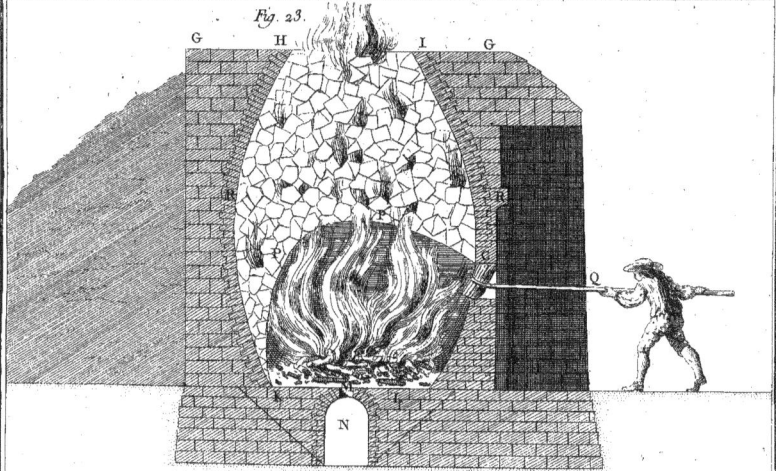

Echelle de 2. Toises
pour les Fig. 20, 21, 23, 24, 25, 26, 27.

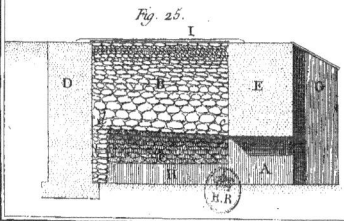

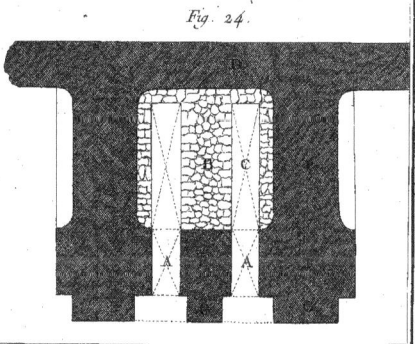

Fig. 25.

Fig. 27.

Fig. 26.

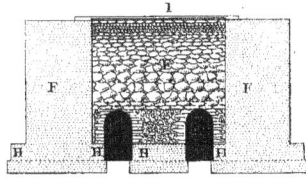

Fig. 28.

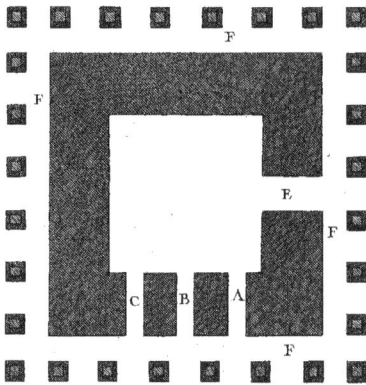

Fig. 29.

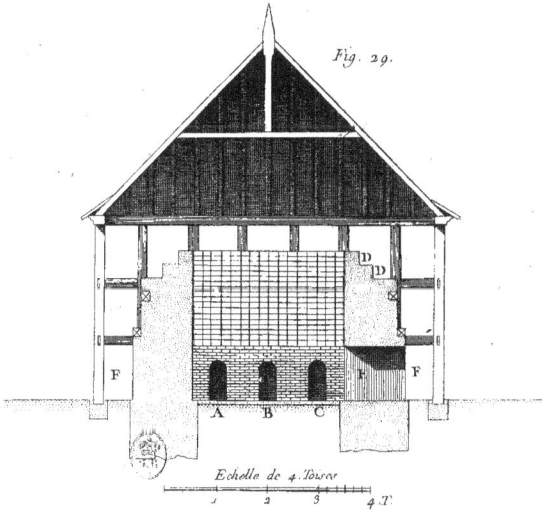

Echelle de 4 Toises

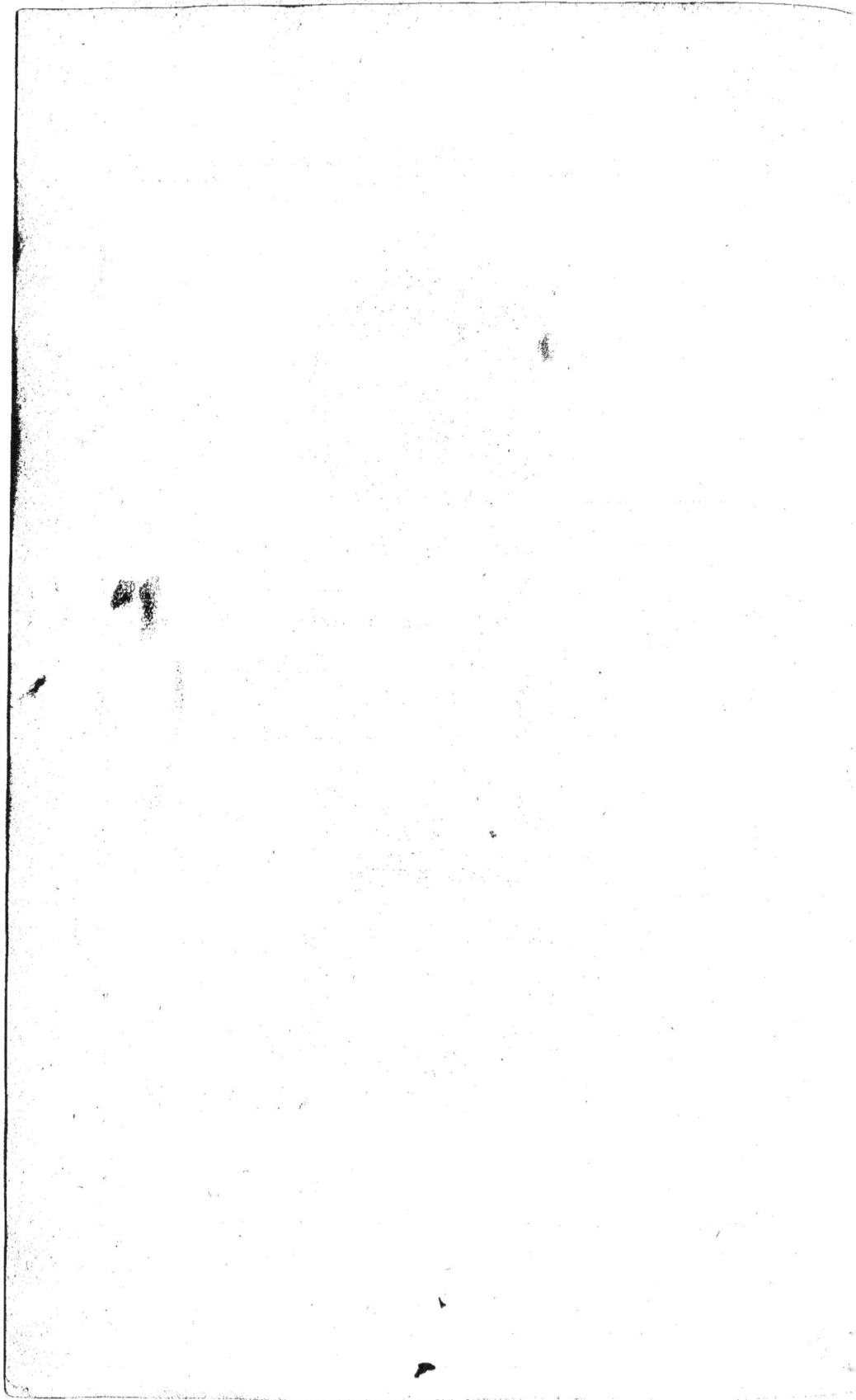

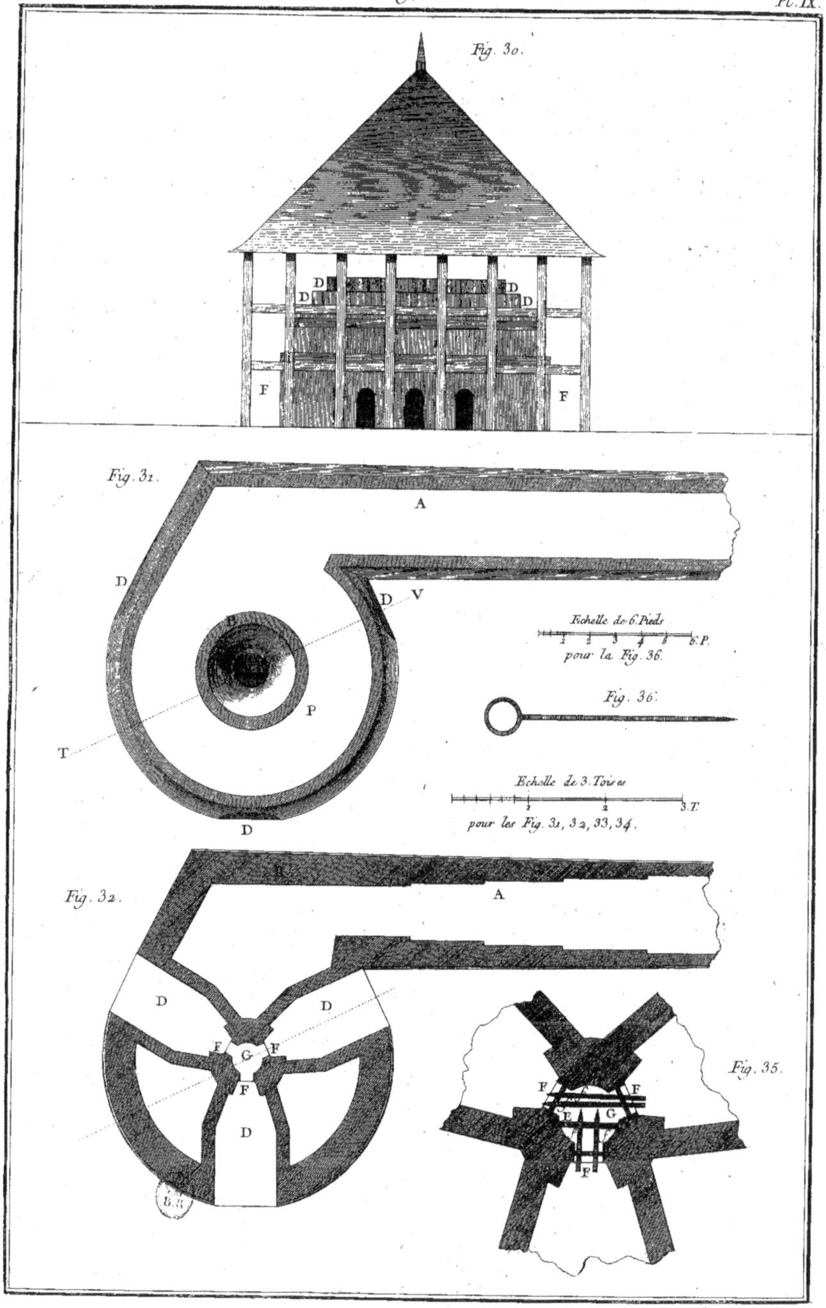
Fig. 30.
D
D
D
D
F
F
Fig. 31.
A
D
D
V
B
P
T
D
Echelle de 6. Pieds
6. P.
pour la Fig. 36.
Fig. 36.
Echelle de 3. Toises
3. T.
pour les Fig. 31, 32, 33, 34.
Fig. 32.
B
A
D
D
F
G
F
F
D
Fig. 35.
F
F
E
G
F

Fig. 33.

B   P   A

Fig. 37.

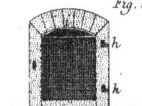

h

h

B   *Fig. 34.*

R   R

D

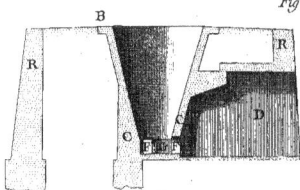

C

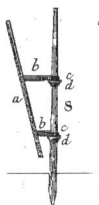

b

a   c
         d
         S
b   c
         d

d

Fig. 38.

c

Echelle de 12. pieds.
1 2 3 4 5 6   12. P.
Fig. 38, 39.

A

a   D   c   b
                        Z
A   A

B

Fig. 39.

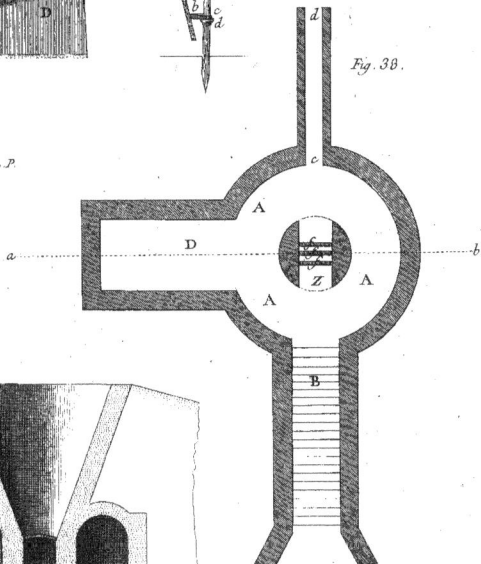

Fig. 40.

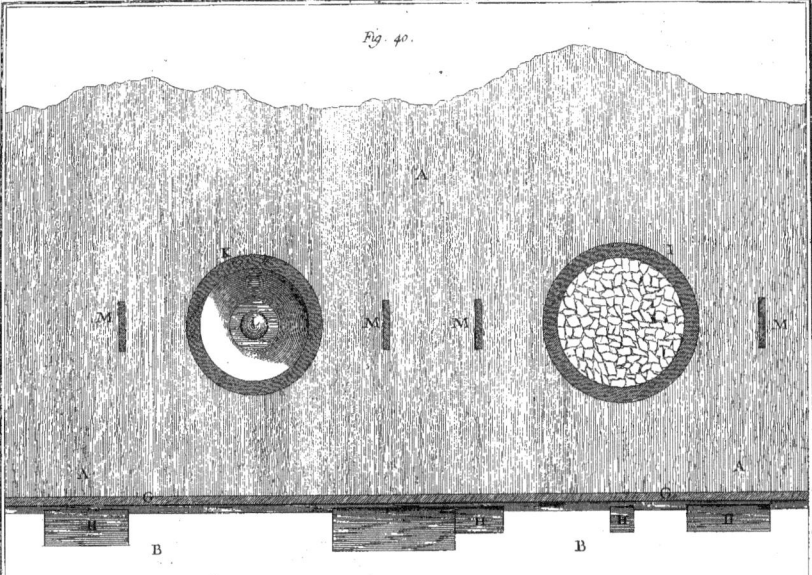

Fig. 41.

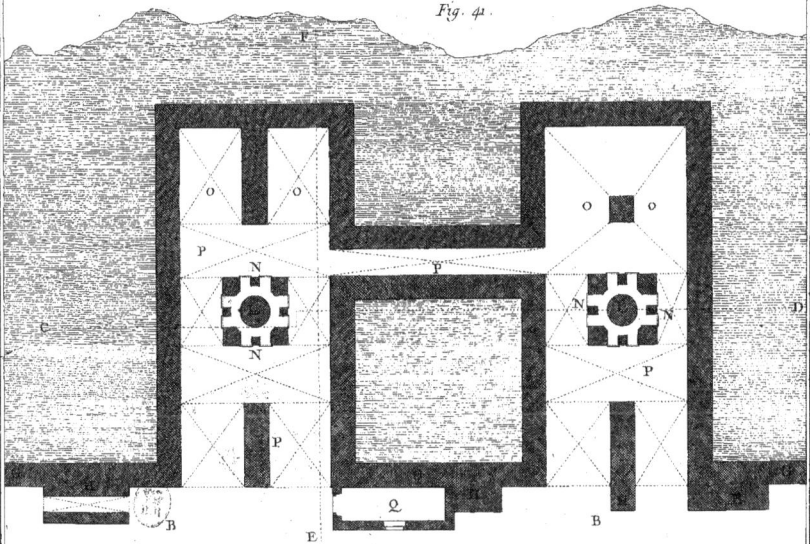

Echelle de 10. Toises.

1   2   3   4   5   10. Toises

Fig. 40, 41, 42, 43, 44. pour l'Echelle.

Fig. 42.

Fig. 43.

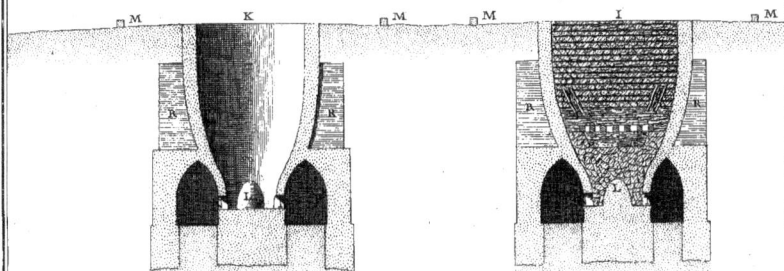

Fig. 44.

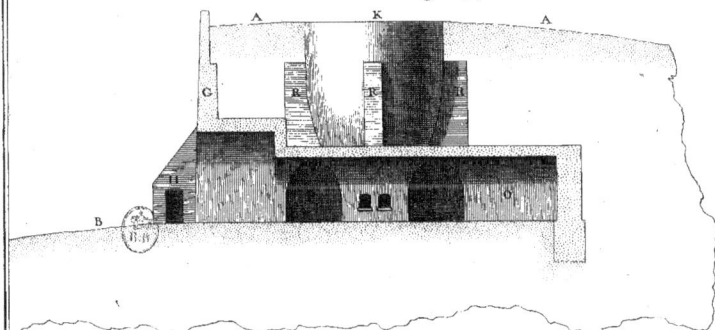

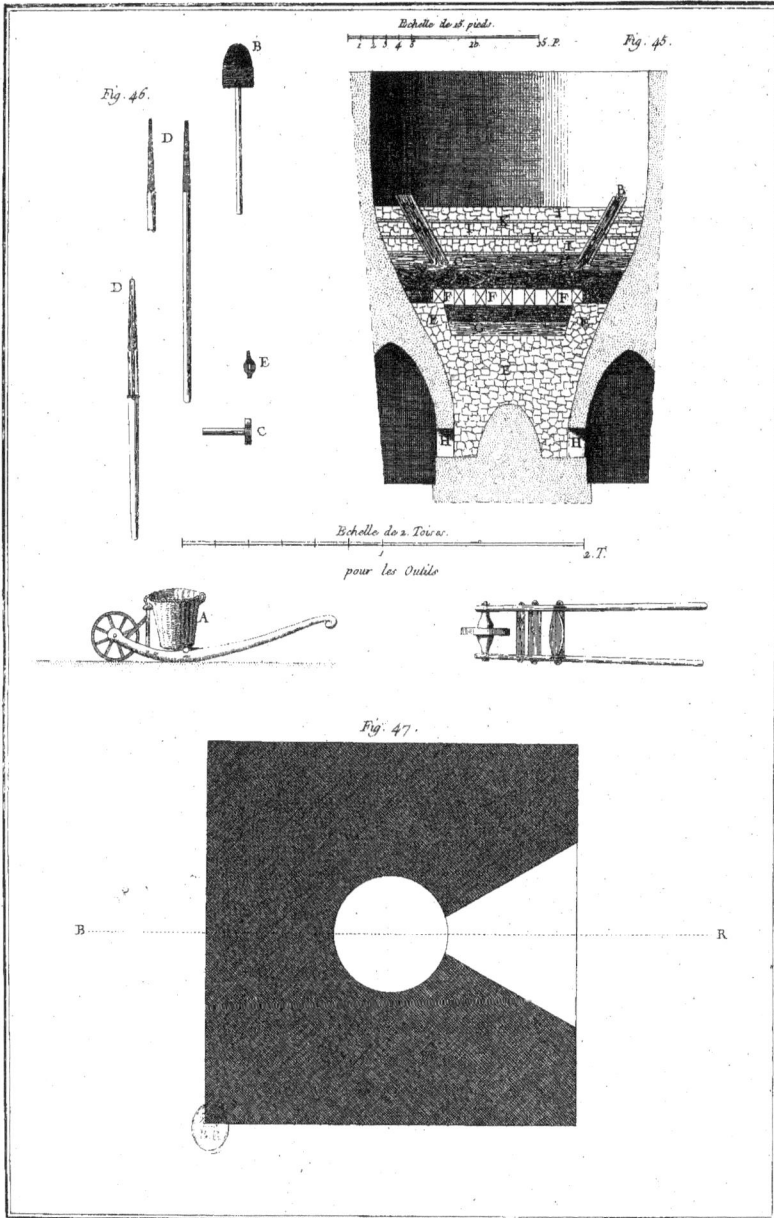

Echelle de 15. pieds.

1 2 3 4 5 20 35. P.

Fig. 45.

Fig. 46.

Echelle de 2. Toises.

2. T.

pour les Outils

Fig. 47.

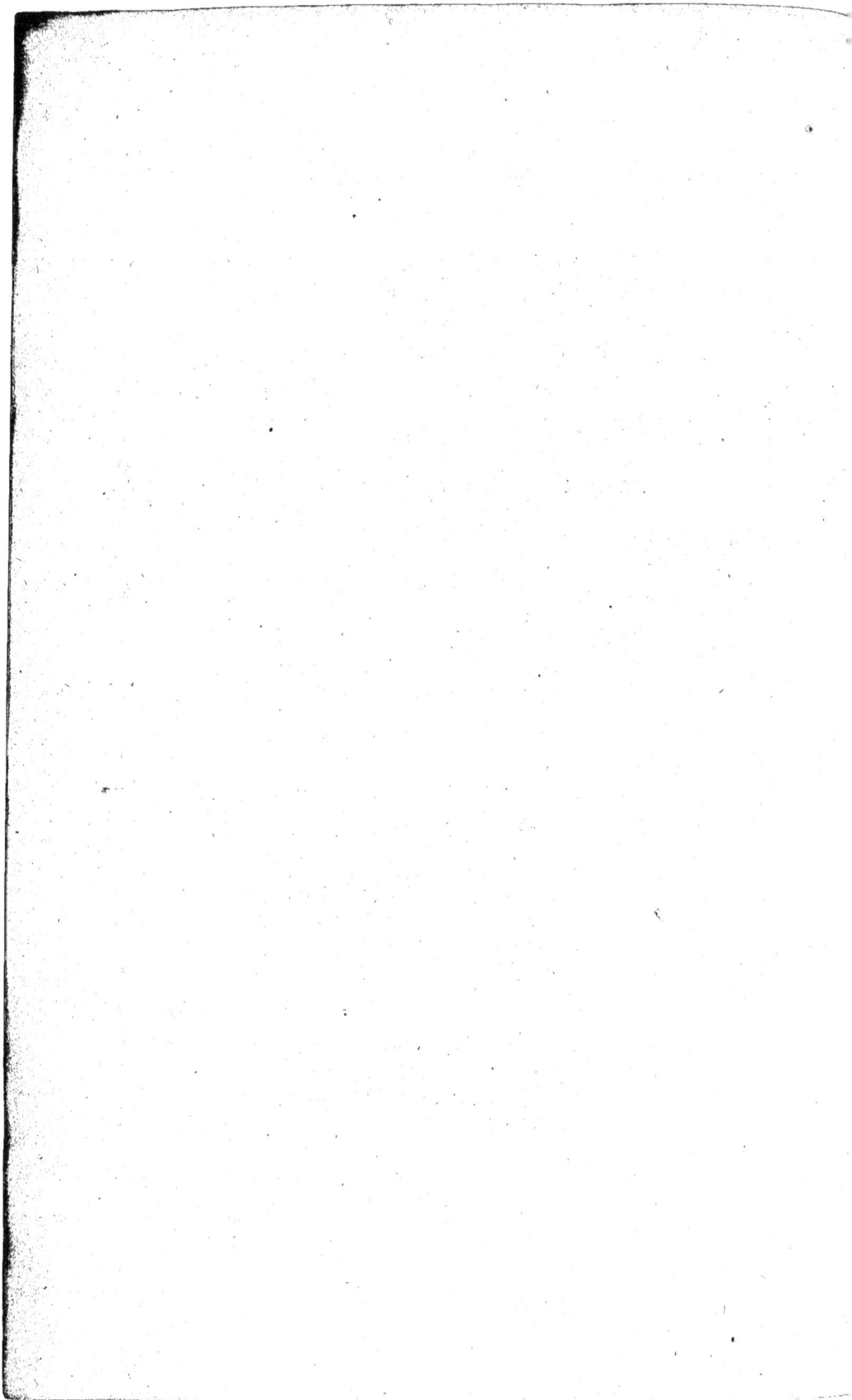

Fig. 48.

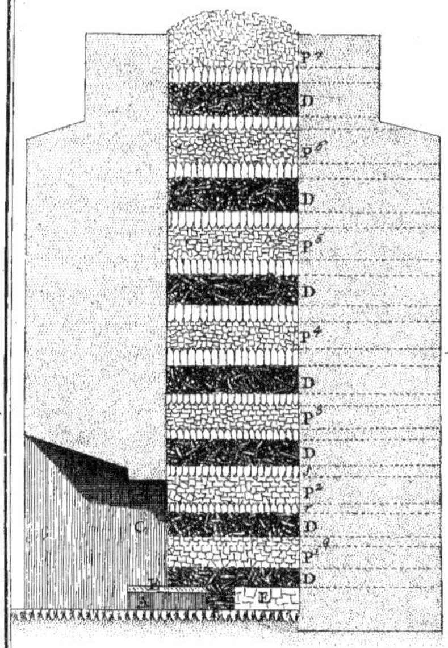

Fig. 49.

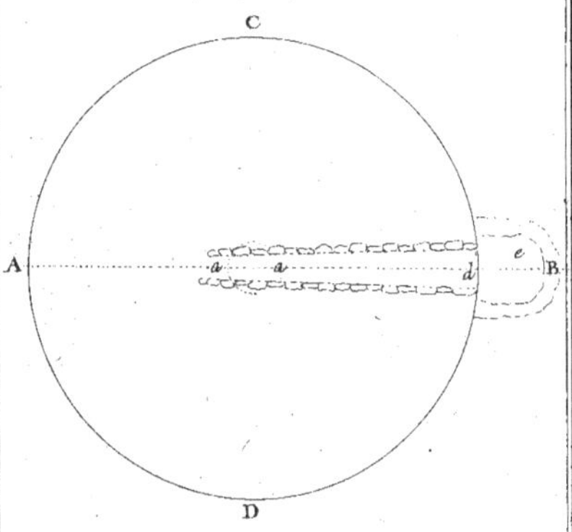

Fig. 50.

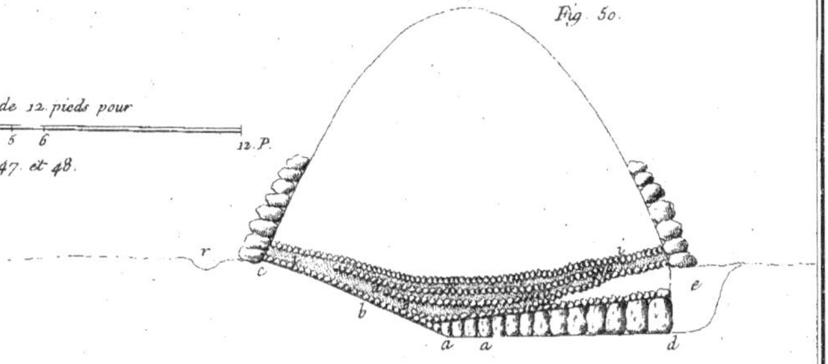

Echelle de 12 pieds pour

1 2 3 4 5 6 12 P.

les Fig. 47 et 48.

Fig. 51.

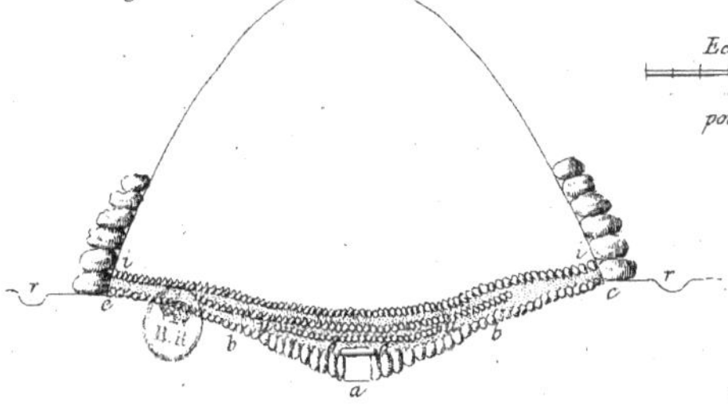

Echelle de 2 Toises

1 2 T.

pour les Fig. 49, 50, 51

Fig. 55.

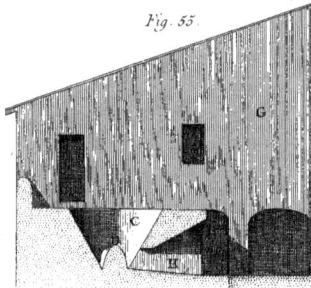

Fig. 54.

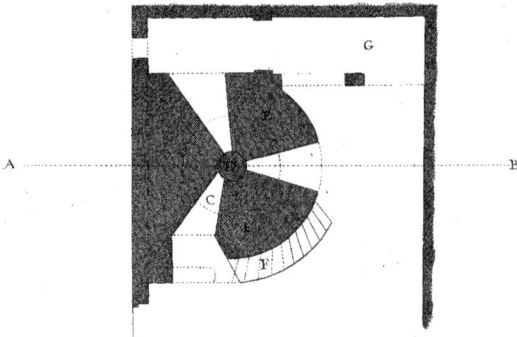

A .... B

Fig. 53

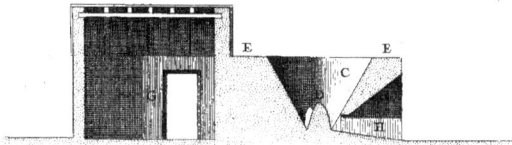

Fig. 62.

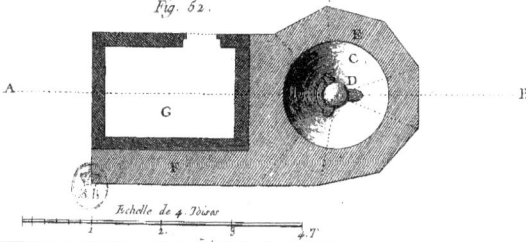

A .... B

Echelle de 4 Toises.

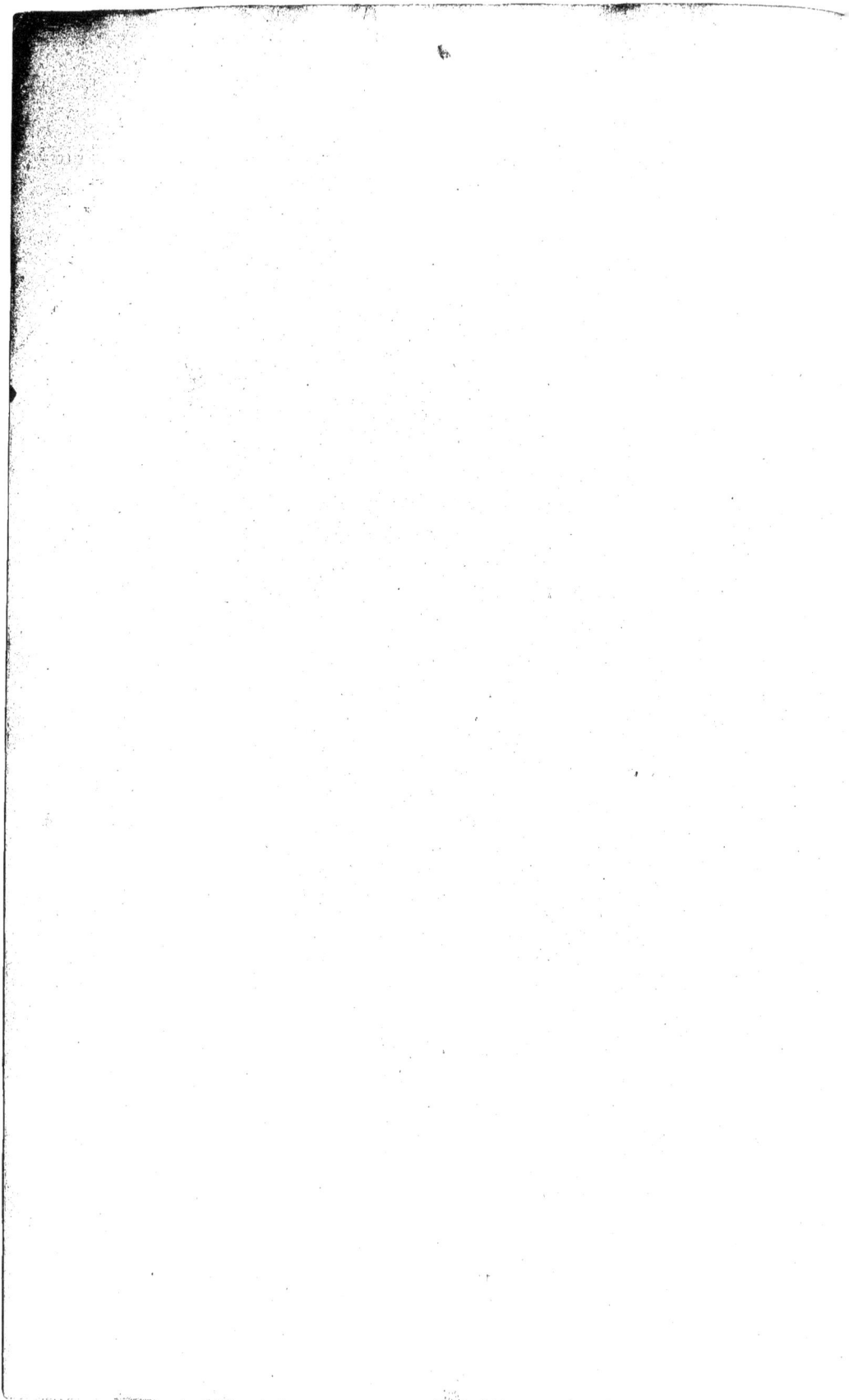

www.ingramcontent.com/pod-product-compliance
Lightning Source LLC
Chambersburg PA
CBHW071059090426
42737CB00013B/2380